In unseren Veröffentlichungen bemühen wir uns, die Inhalte so zu formulieren, dass sie Frauen und Männern gerecht werden, dass sich beide Geschlechter angesprochen fühlen, wo beide gemeint sind, oder dass ein Geschlecht spezifisch genannt wird. Nicht immer gelingt dies auf eine Weise, dass der Text gut lesbar und leicht verständlich bleibt. In diesen Fällen geben wir der Lesbarkeit und Verständlichkeit des Textes den Vorrang. Dies ist ausdrücklich keine Benachteiligung von Frauen oder Männern.

Sofern nicht anders angegeben, sind die im Buch enthaltenen Bibeltexte aus dem NT und den Psalmen zitiert aus BasisBibel. Das Neue Testament, Copyright © 2010 Deutsche Bibelgesellschaft, Stuttgart und BasisBibel. Die Psalmen, Copyright © 2012 Deutsche Bibelgesellschaft, Stuttgart.

Sofern nicht anders angegeben, sind die im Buch enthaltenen Bibeltexte aus dem AT zitiert aus Lutherbibel 2017, herausgegeben von der Evangelischen Kirche in Deutschland, Copyright © 2016 Deutsche Bibelgesellschaft, Stuttgart.

Dieses Buch ist entstanden in Zusammenarbeit mit

Kinderzentrale der Liebenzeller Mission (KidZ)

Impressum

© 1. Auflage 2017
buch+musik ejw-service gmbh, Stuttgart
Printed in Germany. All rights reserved.

ISBN 978-3-86687-195-3

Lektorat: Punkt.Landung, Mirja Wagner, Marburg
Umschlaggestaltung: buch+musik – Heidi Frank, Daniela Buess, Stuttgart
Gestaltung und Satz: buch+musik – Daniela Buess, Stuttgart
Illustrationen: buch+musik – Daniela Buess, Stuttgart
Fotos: Ruth Klaiber, Pforzheim
Druck und Gesamtherstellung: Werbedruck GmbH Schreckhase, Spangenberg

www.ejw-buch.de

JESUS NACH!

 6 EINHEITEN ÜBER DEN GLAUBEN IM ALLTAG FÜR GRUPPEN MIT KINDERN AB 8 JAHREN

MIT ZAHLREICHEN VORLAGEN UND ERKLÄRVIDEOS AUF WWW.VOLLGAS-MIT-JESUS.DE

VOLLGAS MIT JESUS

» INHALTSVERZEICHNIS

EINLEITUNG 6

Kinder in ihrem Alltag mit Jesus stärken und begleiten 6
Übersicht der Themen 7
Beschreibung der verschiedenen Bereiche und Bausteine 8
Die Website zum Buch 13
⬇ Wertungsübersicht für die Vollgas mit Jesus!-Challenge 14
⬇ Vollgas mit Jesus – Mottolied 15

LEKTION 1: JESUS NACH!
GEBET – MIT GOTT REDEN, WIE JESUS UND SEINE FREUNDE 16

☐ Checkliste: Programmablauf und Materialliste 17
✏ Mitarbeiterimpuls 18
📖 Biblischen Text erarbeiten 18
✏ Erklärungen zum Text 19
🗂 Mindmap 20
📖 Verkündigung 22
🧱 Begrüßungsbaustein: Leckerschmecker?! 24
🧱 Musikbaustein 24
🧱 Spielbausteine 24
🧱 Sonderbaustein: Stadtspiel – Geräusche sammeln 25
🧱 Sonderbaustein: Dosentelefon basteln 25
⬇ Vorlagen zum Download 26

LEKTION 2: JESUS NACH!
BIBEL – MIT GOTT ZEIT VERBRINGEN, WIE NEHEMIA UND ESRA 28

☐ Checkliste: Programmablauf und Materialliste 29
✏ Mitarbeiterimpuls 30
📖 Biblischen Text erarbeiten 30
✏ Erklärungen zum Text 31
🗂 Mindmap 32
📖 Verkündigung 34
🧱 Begrüßungsbaustein: Lieblingsgeschichten 36
🧱 Musikbaustein 36
🧱 Spielbausteine 36
🧱 Sonderbaustein: Mauerbaufest 37
🧱 Sonderbaustein: Bibelkartenspiel basteln 37
⬇ Vorlagen zum Download 38

LEKTION 3: JESUS NACH!
FREUNDSCHAFT – MIT FREUNDEN UNTERWEGS SEIN, WIE PETRUS UND SEINE FREUNDE 42

☐ Checkliste: Programmablauf und Materialliste 43
✏ Mitarbeiterimpuls 44
📖 Biblischen Text erarbeiten 44
✏ Erklärungen zum Text 45
🗂 Mindmap 46
📖 Verkündigung 48
🧱 Begrüßungsbaustein: Freundschaft 50
🧱 Musikbaustein 50
🧱 Spielbausteine 50
🧱 Sonderbaustein: Fotostory zur biblischen Geschichte 51
🧱 Sonderbaustein: Freundschaftsarmbänder basteln 51
⬇ Vorlagen zum Download 52

LEKTION 4: JESUS NACH!
GEBET – GOTT HÖREN, WIE ELIA 56

- ☐ Checkliste: Programmablauf und Materialliste 57
- Mitarbeiterimpuls 58
- Biblischen Text erarbeiten 58
- Erklärungen zum Text 59
- Mindmap 60
- Verkündigung 62
- Begrüßungsbaustein: Geräuscheexperiment 64
- Musikbaustein 64
- Spielbausteine 64
- Sonderbaustein: Instrumente basteln und Bandauftritt 65
- Sonderbaustein: Regen- und Geräuschemacher basteln 66
- Vorlagen zum Download 67

LEKTION 5: JESUS NACH!
BIBEL – DIE BIBEL ENTDECKEN, WIE TIMOTHEUS UND PAULUS 68

- ☐ Checkliste: Programmablauf und Materialliste 69
- Mitarbeiterimpuls 70
- Biblischen Text erarbeiten 70
- Erklärungen zum Text 71
- Mindmap 72
- Verkündigung 74
- Begrüßungsbaustein: Kurznachrichten 76
- Musikbaustein 76
- Spielbausteine 76
- Sonderbaustein: Bibel-Kuchen backen 77
- Sonderbaustein: Lieblingsvers auf Holz gestalten 78
- Vorlagen zum Download 79

LEKTION 6: JESUS NACH!
FREUNDSCHAFT – MIT JESUS LEBEN, WIE PAULUS UND SILAS 80

- ☐ Checkliste: Programmablauf und Materialliste 81
- Mitarbeiterimpuls 82
- Biblischen Text erarbeiten 82
- Erklärungen zum Text 83
- Mindmap 84
- Verkündigung 86
- Begrüßungsbaustein: Austauschkunst 88
- Musikbaustein 88
- Spielbausteine 88
- Sonderbaustein: Vollgas mit Jesus!-Großer Preis 89
- Sonderbaustein: Flipflops® basteln 90
- Vorlagen zum Download 91

- Notizen 93
- Die Autorin 94

» EINLEITUNG

KINDER IN IHREM ALLTAG MIT JESUS STÄRKEN UND BEGLEITEN

In einem Kinderalltag steckt viel drin: Schule, Freunde und Freundinnen, Familie, Zuhause, Vereine. Und es stecken die damit verbundenen vielen Situationen drin, die die Kinder alle unterschiedlich herausfordern: sie glücklich oder traurig machen, sie entspannen oder absolut abenteuerlich für sie sind. Gott hat die Kinder sehr vielseitig gemacht und sie darüber hinaus mit einem unglaublichen Entdeckerdrang ausgerüstet, der sie eintauchen lässt in diese vielen Momente des Alltags.

Kinder sind Gott wichtig. Sein Sohn Jesus nimmt eines dieser Kinder als Vorbild, als er den Erwachsenen erklärt, wie man in das Reich Gottes kommt. Damit bringt er ihm eine unglaubliche Wertschätzung entgegen. Ein Kind steht vor den gestandenen Erwachsenen als Beispiel für ein Vertrauen auf Gott, das den Älteren oft schwerfällt.
Jesus segnet die Kinder und spricht ihnen damit den Schutz Gottes zu, dass er sie begleitet und auf sie achtet.

Wir Mitarbeitende haben das Privileg, die Kinder im Team mit Jesus stark zu machen. Wir dürfen den Segen an sie weitergeben und sie in ihrem Leben mit Jesus ein kleines Stück begleiten.
Ich wünsche euch Mitarbeitenden, dass die Kinder in ihrer Beziehung und ihrem Leben mit Jesus wachsen, tiefer gehen und einen guten und festen Grund für ihr Leben bekommen, der sie dann für ihren Alltag mit Jesus stark macht.

Dieses Buch kann für euch als Mitarbeitende eine spannende Entdeckungsreise hin zu euren Kindern werden, hin zu dem, was sie bewegt, wie sie leben und wie sie mit euch und von eurem Leben mit Gott lernen können. Man gibt das authentisch weiter, was man selbst erfahren hat, wo Jesus einen persönlich angesprochen hat. Dafür bete ich, dass er mit diesen Lektionen euch und die Kinder anspricht und ihr gemeinsam hin zu Jesus wachst.

Viel Spaß beim Ausprobieren und beim gemeinsamen Wachsen – hin zu Jesus,
wünscht euch eure Ruth!

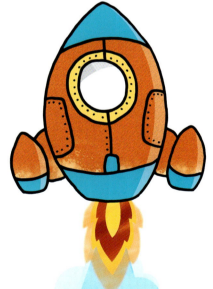

ÜBERSICHT DER THEMEN

LEKTION 1:
GEBET – MIT GOTT REDEN, WIE JESUS UND SEINE FREUNDE

Biblische Geschichte: Lukas 11,1.5-13
Jesus erklärt anhand einer Beispielgeschichte, dass Gott, der vollkommene gute Vater, mit seinen Kindern im Gespräch sein möchte. Er will, dass seine Kinder mit ihren Bitten zu ihm kommen, jederzeit und überall. Die Kinder entdecken in dieser Lektion, wie sie das in ihrem Alltag leben können.
» ab Seite 16

LEKTION 2:
BIBEL – MIT GOTT ZEIT VERBRINGEN, WIE NEHEMIA UND ESRA

Biblische Geschichte: Nehemia 8,1-18
Nehemia und Esra sind von Gottes Wort begeistert. Gottes Wort hat Macht, zeigt wie Gott ist, und Gott begegnet uns Menschen darin ganz persönlich. Die Kinder lernen, wie sie in ihrem Alltag Bibel lesen können, um mehr von und über Gott zu erfahren und in der Beziehung zu ihm zu wachsen.
» ab Seite 28

LEKTION 3:
FREUNDSCHAFT – MIT FREUNDEN UNTERWEGS SEIN, WIE PETRUS UND SEINE FREUNDE

Biblische Geschichte: Lukas 10,1-2 und Apostelgeschichte 2,37-47
Jesu Freunde leben Gemeinschaft im Glauben, sie sind füreinander da, ermutigen sich gegenseitig und gehen gemeinsam mit Jesus los. Das ist ihr normaler Alltag. Die Kinder überlegen, wie auch sie sich heute gegenseitig helfen und unterstützen können und vor allem, wie sie als Freunde und Freundinnen gemeinsam mit Jesus im Alltag unterwegs sein können.
» ab Seite 42

LEKTION 4:
GEBET – GOTT HÖREN, WIE ELIA

Biblische Geschichte: 1. Könige 19,1-18
Elia erlebt und hört Gott ganz unterschiedlich: Ein Engel kommt zu ihm und gibt ihm zu essen, und er hört Gott in einem ganz leisen Säuseln. Gott redet, ihn zu hören fällt jedoch meist nicht leicht. Die Kinder können entdecken, wie sie Gott in ihrem Alltag hören können, es zusammen erleben und ausprobieren.
» ab Seite 56

LEKTION 5:
BIBEL – DIE BIBEL ENTDECKEN, WIE TIMOTHEUS UND PAULUS

Biblische Geschichte: Apostelgeschichte 16,1-5 und 2. Timotheus 3,10-17
Timotheus entdeckt: Die Bibel ist super spannend! Durch sie spricht Gott Menschen persönlich an und fordert uns heraus! Paulus schreibt, wie die Bibel hilft, mit Gott zu leben. Die Kinder erfahren, was die Bibel für ihr Leben bedeutet und wie sie mit Gottes Wort ihr Leben gestalten.
» ab Seite 68

LEKTION 6:
FREUNDSCHAFT – MIT JESUS LEBEN, WIE PAULUS UND SILAS

Biblische Geschichte: Apostelgeschichte 16,16-34
Mit Jesus leben ist ein großes Abenteuer. Es bedeutet, dass man lernt, ihm in jeder Situation zu vertrauen. Paulus und Silas sitzen im Gefängnis, trotzdem bleiben sie Jesu Freunde. Die Kinder erforschen, warum die Beiden an Jesus dranbleiben, und wie sie das selbst umsetzen können.
» ab Seite 80

BESCHREIBUNG DER VERSCHIEDENEN BEREICHE UND BAUSTEINE

Dieses Buch setzt sich aus verschiedensten Bereichen und Bausteinen zusammen, die alle kompakt dargestellt und zum Teil verschieden kombinierbar sind. So kann jede Gruppenstunde passend zur eigenen Kindergruppe und dem gegebenen Zeitrahmen gestaltet werden. Mit diesen vielen Bausteinen ist ein so großes Repertoire an Ideen zu jedem Thema entstanden, dass es auch auf zwei Gruppenstunden ausgeweitet oder sogar für eine Freizeitprogrammgestaltung genutzt werden kann. Die Lektionen bauen zwar aufeinander auf, können aber auch einzeln durchgeführt werden.

Um euch die Orientierung innerhalb des Buches und der einzelnen Lektionen zu erleichtern, ist jedem Bereich/Baustein ein Symbol zugeordnet. So findet ihr euch leichter in den einzelnen Lektionen zurecht und erkennt auf den ersten Blick, um welchen Bereich/Baustein es sich handelt.

Checkliste: Programmablauf und Materialliste
Zu Beginn jeder Lektion gibt es eine Checkliste mit einem Programmablauf, der den groben Rahmen für die Gruppenstunde vorgibt. Die Zeitangaben können dabei eine Hilfe sein, um das Treffen gut zu planen. Zudem enthält die Checkliste eine Materialliste – außer für die Spiel- und Sonderbausteine, da diese jeder/jede selbst für seine/ihre Kindergruppe zusammenstellt. Auch hier sind die Symbole der einzelnen Bereiche/Bausteine aufgeführt, sodass ihr schnell einen Überblick bekommen und die einzelnen Bereiche/Bausteine in der Lektion leicht wiederfinden könnt. Die Checkliste gibt es zum Download ⬇, sodass ihr sie mit euren eigenen Notizen ergänzen könnt.
Der Programmablauf entspricht hierbei nicht der Reihenfolge der Vorbereitung (siehe Mindmap zur Vorbereitung).

Mitarbeiterimpuls mit Mitarbeiter-Challenge
Mit den Kindern zusammen Bibeltexte zu erobern und dann in ihren Alltag zu übertragen, will gut vorbereitet sein. Deshalb gibt es in diesem Buch viele Aktionen, Impulse und Hilfen, die euch dabei unterstützen können.
Immer ein Mitarbeiter / eine Mitarbeiterin eures Teams bereitet jeweils eine der Lektionen vor. Der Mitarbeiterimpuls mit der Mitarbeiter-Challenge ist hierbei eine der ersten Aktionen der persönlichen Vorbereitung, die hilft, den Zielgedanken (in der Mindmap als START) selbst anzuwenden und die Kinder besser kennenzulernen. Der Impuls ist kurz gehalten und kann von dem Mitarbeiter / der Mitarbeiterin, der/die die Gruppenstunde vorbereitet, als Einstieg auch erst einmal für sich persönlich gelesen werden, um eigene Gedanken zum Thema zu sammeln.
Es ist gut, wenn ihr euch als Mitarbeiterteam ein paar Minuten, bevor die Kinder kommen, trefft und der/die vorbereitende Mitarbeitende den Impuls dann als kurze Andacht vorliest. Mit einem gemeinsamen Gebet für die Kinder und das Programm könnt ihr das Mitarbeitertreffen abschließen. Lest danach die Mitarbeiter-Challenge vor. Sie stellt für jede Lektion eine Aufgabe. Nach der Gruppenstunde könnt ihr euch darüber austauschen, wie es euch mit der Aufgabe ging und was ihr damit erlebt habt. Dadurch habt ihr die Möglichkeit, eure Kindergruppe noch besser kennenzulernen und Jesus in das Leben der Kinder durch euch sprechen zu lassen.

Biblischen Text erarbeiten
Jede Lektion behandelt zu Beginn den Bibeltext. Es ist wichtig, sich hierfür Zeit zu nehmen, persönlich Gott immer mehr kennenzulernen und zu erkunden, wie die biblischen Personen in ihrem Alltag mit Gott gelebt und ihre Beziehung mit ihm gepflegt haben. Eigene Erfahrungen mit dem Text bilden eine Grundlage, um später mit den Kindern das Thema tiefgründig und nicht oberflächlich erarbeiten zu können.
In diesem Teil der Lektionen gibt es Fragen an den Text, denen jeweils Farben zum Bearbeiten zugeordnet sind. Sie können helfen, ihn genauer zu erörtern:

- Das finde ich für mich persönlich und für die Kinder wichtig.
- Da steht etwas über Gott, Jesus oder den Heiligen Geist.
- Da steht etwas zum Thema der Lektion oder etwas, das dazu wichtig ist.
- Personen, über die ich nachher noch mehr Wissen sammeln werde.
- Orte, Zeiten oder andere wichtige Angaben, mit denen die Geschichte eingeordnet werden kann.

Darunter ist für Bibelstellen des Neuen Testamentes der Text aus der BasisBibel und für Textstellen des Alten Testamentes der Text aus der Lutherbibel 2017 abgedruckt. Wer nicht gern in seiner eigenen Bibel schreibt und malt, kann hier nach Belieben am Text arbeiten, wichtige Textteile farbig unterstreichen, markieren und sich Notizen machen.

Tipp: Um ein Ziel vor Augen zu haben und nicht das Gefühl zu bekommen, sich in den Vorbereitungen zu verlieren, kann ein Wecker helfen. Bestimmte Bereiche sind bereits mit Zeitangaben beschriftet, für andere Teile kann jeder/jede selbst festlegen, wie viel Zeit er/sie investieren möchte, und sich dementsprechend einen Wecker stellen.

Material zum Bearbeiten des Textes: Farbstifte zum Markieren, Stift für Notizen, die eigene Bibel, bei Bedarf Wecker, wer hat und möchte Bibellexikon, Studienbibel oder weitere Hilfsbücher

Erklärungen zum Text

Um einen Bibeltext in seiner Tiefe bearbeiten und verstehen zu können, braucht man manchmal noch weitere Informationen und Hintergründe. Deswegen gibt es an dieser Stelle noch Erklärungen zum Kontext des Bibeltextes sowie zu Personen, Orten und Themen. Dies alles kann euch helfen, den Inhalt des Textes zu erfassen, um dann später eine Grundlage für das Erarbeiten des Zielgedankens zu haben.

Mindmap zur Vorbereitung

Jede Lektion enthält eine zweiseitige Mindmap zur Vorbereitung, die mit dem Zielgedanken als START in der Wolke ihren Ausgangspunkt hat. Darüber hinaus enthält sie die Bereiche „Biblischen Text erarbeiten" in einem roten Kasten, „Lebenswelt der Kinder aus deiner Kindergruppe" in einem gelben Kasten, „Aktionen für den Einstieg in die Verkündigung" und ein Hinweis für die kreative Methode der Verkündigung in grünen Kästen, die Inhalte der „Entdeckerzeit" mit „Entdeckeraktion", „Entdeckerrunde" und „Entdeckergebet" in blauen Kästen sowie eine Einführung und Erklärung der „Vollgas mit Jesus!-Challenge" in einem lila Kasten. Die Mindmap endet mit einer Idee für den ABSCHLUSS in der Wolke. Um bei der Vorbereitung strukturiert vorzugehen, empfiehlt es sich, die einzelnen Bereiche entlang der Nummern zu bearbeiten.

Zielgedanke

Der Zielgedanke (START) wird mit den Informationen aus der biblischen Geschichte und den Ergebnissen aus dem Kasten „Lebenswelt der Kinder aus deiner Kindergruppe" erarbeitet. Das Aufschreiben und Finden von Worten hilft, den Zielgedanken zu fokussieren und später die Gruppenstunde klar daraufhin auszurichten. Die Gedanken sollten so genau wie möglich formuliert sein, damit das Kind nach der Gruppenstunde das Ziel ganz konkret umsetzen kann. Zudem hat der Mitarbeiter / die Mitarbeiterin, der/die die Lektion vorbereitet, auf diese Weise den Zielgedanken für die weitere Vorbereitung und auch später bei der Durchführung der Gruppenstunde immer vor Augen.

Beispiel eines erarbeiteten Zielgedankens für die Lektion 1:
» Die Kinder verstehen und erleben, dass sie in dieser Gruppenstunde und auch sonst überall mit Gott reden können.
» Die Kinder wollen das in nächster Zeit tun: Leise oder laut auf dem Heimweg für ihre Mitschüler/Mitschülerinnen und Freunde/Freundinnen in der Schule beten.

Biblischen Text erarbeiten

Hier wird in der Mindmap noch einmal darauf hingewiesen, wie wichtig es für die weitere Vorbereitung der Gruppenstunde ist, zuerst den biblischen Text zu erarbeiten.

Lebenswelt der Kinder aus deiner Kindergruppe

Mit den biblischen Informationen, die im Schritt vorher erarbeitet wurden, kann nun weiter an den Fragen zur Lebenswelt der Kinder überlegt werden. Sie bilden dann eine der Grundlagen für die konkrete Formulierung des Zielgedankens. Dieser Schritt ist wichtig, um das Thema gut in die Lebenswelt der Kinder zu übersetzen und ihnen helfen zu können, es konkret im Alltag zu leben.

Die Fragen helfen zu entdecken, welche Erfahrungen und welches Wissen die Kinder bisher zu diesem Thema haben oder haben könnten und welche Möglichkeiten der Unterstützung den Kindern gegeben werden können. Unter den Fragen stehen verschiedene Ideen, wie diese Unterstützung konkret aussehen könnte, manche gehen sogar über dieses Programm hinaus.

Verkündigung mit Aktionen zur Auswahl

Es gibt verschiedene kreative Methoden zur Verkündigung, die an dieser Stelle bereits genannt werden. Zudem stehen verschiedene Aktionen zur Auswahl, mit denen die Kinder spielerisch in das Thema der Geschichte hineingenommen werden. Der/die vorbereitende Mitarbeitende kann sich hier eine Aktion aussuchen, die den Kindern Lust macht, noch mehr über das Thema zu erfahren und es auszuprobieren.

Entdeckerzeit

Die Entdeckerzeit ist das Herzstück der Lektionen. Die Kinder tauschen sich aus und erarbeiten nun selbst, was sie in der Geschichte wahrgenommen haben und worin Gott sie persönlich angesprochen hat. In dieser Zeit dürfen die Kinder noch mehr entdecken, hinterfragen, ausprobieren, eigene Gedanken mitteilen, andere kennenlernen und sich gegenseitig helfen, im Alltag mit Gott zu leben. Die Kinder können erklären, was sie gelernt haben und gemeinsam Ideen zur Umsetzung finden. Sie erarbeiten ihren eigenen Zielgedanken und können in ihrer Freundschaft zu Jesus wachsen. Im Austausch mit den Kindern lernt ihr sie noch mehr kennen und erfahrt so, wie ihr sie gezielt begleiten, unterstützen und herausfordern könnt.

Die Entdeckerzeit ist immer gleich aufgebaut. Das gibt den Kindern, vom Ablauf her, Sicherheit. Sie können sich innerlich darauf vorbereiten, sich auszutauschen und in die Gruppe einzubringen.

Die einzelnen Elemente sind mit ungefähren Zeitangaben versehen. Werden die Zeiten eingehalten, benötigt man etwa eine halbe Stunde. Die Zeit kann auch erweitert werden, jedoch muss dabei auf die Ausdauer und die Konzentration der Kinder geachtet werden. Diese Zeit soll den Kindern Spaß machen und eine Neugier auf Gott und das Leben mit ihm wecken!

1. Entdeckeraktion

Der biblische Text mit dem Zielgedanken wird durch eine Aktion (z. B. ein Spiel mit Bewegung) wiederholt. Action und Spaß stehen dabei im Vordergrund. Der Grundgedanke der Aktion kann danach als Einstieg in das Thema für die Entdeckerrunde genutzt werden. In manchen Lektionen baut die Entdeckerrunde auf der Aktion auf.

2. Entdeckerrunde

Die Kinder bekommen Ideen und tauschen sich darüber aus, wie sie das jeweilige Thema in ihrem Leben konkret werden lassen können. Dazu kommt in jeder Lektion eine andere Methode zur Anwendung (z. B. Plakate gestalten, Bibellesekarten verwenden oder Frage- und Antwortbälle zum Diskutieren). Dieser Teil soll für die Mitarbeitenden und die Kinder spannend sein und die Gruppe gemeinsam in ihrer Beziehung zu Jesus hin wachsen lassen.

Es geht nicht darum, die Geschichte nochmals zu wiederholen, sondern sie gemeinsam umzusetzen. Für die Vorbereitung ist es wichtig, den Bereich „Lebenswelt der Kinder aus deiner Kindergruppe", die biblische Geschichte und den daraus hervorgehenden „Zielgedanken" sowie die „Verkündigung" vorher gut bearbeitet zu haben.

In der Entdeckerrunde können die Kinder ebenfalls berichten, wie es ihnen mit der Vollgas mit Jesus!-Challenge ging, was ihnen schwer fiel, was sie entdeckt haben, was für sie neu oder fremd war oder was ihnen richtig Spaß gemacht hat.

3. Entdeckergebet

Im Gebet können Kinder Gott selbst begegnen und mit ihm reden. Mit Gott zu leben ist herausfordernd, Kinder brauchen Mut, Geduld, Motivation, Kraft und Freude, um dranzubleiben. Das kann kein Mitarbeiter, keine Mitarbeiterin oder irgendein anderer Mensch den Kindern geben. Diese Kraft bekommt jeder/jede von Gott, der/die ihn darum bittet. Er gibt seinen Kindern den Heiligen Geist und rüstet sie mit allem aus, was sie brauchen. Genau das können die Kinder hier persönlich erfahren. In jeder Lektion wird eine andere Idee für das Beten mit Kindern vorgestellt. Je nach Kindergruppe könnt ihr die Methode für das Abschlussgebet jede Woche variieren oder sie über einen längeren Zeitraum gleich belassen.

Tipp für die Entdeckerzeit bei Großgruppen: Die Entdeckerzeit kann, je nach Mitarbeiteranzahl und Kindergruppengröße, in Kleingruppen gestaltet werden. Kleingruppen sollten, wenn möglich, aus nicht mehr als zehn Kindern bestehen.

Vollgas mit Jesus!-Challenge mit einer Idee für die ganze Familie

Vollgas mit Jesus!-Challenge

Spannend wird es, wenn die Kinder nun versuchen, den Inhalt in ihrem Alltag umzusetzen. Dazu soll die Challenge als Unterstützung dienen und kann zudem als Wettkampf gestaltet werden. Hier geht es zum Beispiel ums Bibellesen zu Hause, darum, einen Lieblingsbibelvers zu finden, um eine Geräusche-Challenge und weitere Aufgaben. Passend zu den einzelnen Lektionen gibt es als Download Druckvorlagen ⬇ für die Challenge-Karten sowie eine Druckvorlage ⬇ für die Wertungsübersicht der Vollgas mit Jesus!-Challenge (Wertungsübersicht_Challenge), die in der letzten Lektion ausgewertet wird. In diese können die Namen der Kinder eingetragen werden. Bei jeder gewonnenen bzw. durchgeführten Challenge setzen die Kinder einen Daumenabdruck hinter ihren Namen. Für diese Variante wird ein Stempelkissen benötigt. Alternativ kann man Punkte in die Tabelle kleben oder eine Strichliste führen.

Die letzte Lektion ist das Vollgas mit Jesus!-Finale und enthält keine weitere Challenge. Hier kann jedes Kind auf den Vollgas mit Jesus!-Erinnerungskarten ⬇ der anderen unterschreiben oder einen Fingerabdruck machen, damit jeder/jede sich an die gemeinsame Vollgas mit Jesus!-Zeit und -Gruppe erinnern kann und die Kinder auch weiter füreinander beten, dass sie an Jesus dranbleiben. Wer eine Sofortbildkamera oder eine Digitalkamera mit einem Fotodrucker zur Verfügung hat, kann auf die letzte Karte noch ein Bild der Gruppe kleben.

Und ganz wichtig: Wer aus der Challenge einen Wettkampf gemacht hat, darf nicht vergessen, den Sieger / die Siegerin zu ermitteln!

Hierfür ein Tipp: Als Preise eignen sich zum Beispiel ein Armband mit einem Vers darauf, ein Jahresabo für ein Bibelleseheft oder ein Stifteset, um Verse in der Bibel zu markieren.

Material für alle Gruppenstunden: Stempelkissen oder Klebepunkte, Stifte, Wertungsübersicht (Wertungsübersicht_Challenge) für die Vollgas mit Jesus!-Challenge ⬇ (siehe S. 14)

Idee für die ganze Familie

Die meiste Zeit verbringen die Kinder in ihrer Familie. Die Rückseite der Vollgas mit Jesus!-Challenge-Karte beinhaltet deswegen eine „Idee für die ganze Familie". Diese kann Familien die Möglichkeit bieten, sich über ihre Beziehung zu Jesus auszutauschen. Ziel ist es dabei, dass Kinder von ihren Eltern lernen können, wie sie ihren Glauben leben, und die Eltern wiederum von ihren Kindern mitbekommen, was sie dabei bewegt und wo sie ihre Kinder im Glauben unterstützen können.

Hier werden immer eine Familienaktion und Fragen für eine gemeinsame „Zeit zum Reden" 🕐 vorgeschlagen. Die Familie kann so gemeinsam das Thema aus der Kindergruppe aktiv und spielerisch gestalten und vertiefen. Die Impulse sind einfach gehalten, sodass auch nicht christlich geprägte Familien etwas damit anfangen können. Da eine Bibel hierfür hilfreich ist, sollten die Kinder schon beim ersten Mal gefragt werden, ob sie zu Hause eine besitzen. Ansonsten könnt ihr ihnen eine mit nach Hause geben.

Abschluss

So, wie man auseinandergeht, so erwartet man das nächste Wiedersehen. Der Abschluss darf richtig Laune machen, damit die Kinder fröhlich und strahlend zur Tür rausrennen, um bald wiederkommen zu dürfen. In der Wolke der Mindmap wird für jede Lektion eine neue Idee für den ABSCHLUSS vorgestellt, wie ihr die gemeinsame Zeit beenden und euch verabschieden könnt.

Es muss nicht jedes Mal etwas Neues ausprobiert werden, ihr könnt auch für alle Lektionen nur eine Idee umsetzen und eine andere erst nach dem Kurs ausprobieren. Geht danach, was euren Kindern am besten gefällt, um die Zeit zu beenden!

Verkündigung

Kinder hören gern Geschichten, spannende Storys oder unglaubliche Erlebnisse. Sind Kinder an einer Geschichte auch noch aktiv beteiligt, erleben sie sie hautnah mit; oder werden ihnen die Inhalte bildlich vor Augen geführt, bleiben Geschichten besser im Gedächtnis der Kinder. Die erlebten Inhalte können später bei der Entdeckerzeit, aber auch im Alltag auf diese Weise von ihnen leichter umgesetzt und angewendet werden.

Deswegen findet ihr hier nicht nur eine ausformulierte Verkündigung, sondern auch immer eine kreative Methode, die die Verkündigung unterstützt. Manchmal spielen die Kinder wie beim Theater mit, manchmal wird die Geschichte mit Sand oder LEGO® erzählt. Wichtig ist vor allem: Die Kinder sitzen nicht nur da und hören zu, sondern haben die Geschichte vor Augen und sind aktiv am Geschehen beteiligt.

Videos zur Erklärung der kreativen Verkündigungsmethoden

Zu jeder Verkündigung gibt es ein Video auf der Website ⬇, das die kreative Methode der Verkündigung der jeweiligen Lektion noch einmal visuell erklärt. So bekommt ihr mehr Sicherheit im Umsetzen der Methode und eine Idee davon, wie die Verkündigung später bei euch in der Kindergruppe aussehen kann.

Bilder für die Durchführung der Verkündigungen

Für die Durchführung mancher der Verkündigungen werden Bilder benötigt. Diese sind in der jeweiligen Lektion bei der Verkündigung abgebildet, sodass eine leichte Zuordnung möglich ist, wann welches Bild verwendet wird. Alle für die Verkündigung benötigten Bilder gibt es zum Download ⬇.

Begrüßungsbaustein
Je herzlicher die Kinder begrüßt werden, desto mehr freuen sie sich auf die gemeinsame Zeit. Kinder fühlen sich zu Hause und richtig willkommen geheißen, wenn ihr sie gleich zu Beginn mit Handschlag begrüßt, euch ihnen zuwendet, euch für sie interessiert und sie fragt, wie es ihnen geht. Im Begrüßungsbaustein wird für jede Lektion ein Spiel oder eine andere Aktion vorgestellt. Dieses Spiel oder diese Aktion findet in der Zeit statt, wenn die Kinder ankommen, das Programm aber noch nicht begonnen hat. Der Baustein ist passend und hinführend zum Thema, alternativ kann der Mitarbeiter / die Mitarbeiterin, der/die die Lektion vorbereitet, auch einen der Spielbausteine auswählen.

Musikbaustein
Musik ist etwas Wunderbares! Inhalte prägen sich durch sie tief in unser Gedächtnis ein, vor allem, wenn die Lieder mit Bewegungen kombiniert werden. Sie sollten daher das aktuelle Bibelthema der Kindergruppe verstärken. Lieder helfen somit, an Jesus dranzubleiben: Man kann sie vor sich her summen, wenn man gut gelaunt, traurig oder ängstlich ist. Sie unterstützen Kinder dabei, auszudrücken, was sie empfinden. Lieder singen kann trösten und auch Mut machen. Damit sie im Gedächtnis bleiben, empfiehlt es sich, nicht mehr als ein neues Lied pro Treffen mit der Gruppe zu lernen.
Für jede Lektion gibt es im Musikbaustein Liedvorschläge und die Erinnerung an das Mottolied „Vollgas mit Jesus!". Eine Hörprobe vom Mottolied (Hörprobe_Mottolied) sowie die Noten (Noten_Mottolied) gibt es zum Download ⬇, der Text befindet sich auf Seite 15.

Spielbausteine
Mit einer Vielfalt an Bausteinen kann das Thema durch Spiele weiter vertieft werden. Alle Spiele können an die Inhalte des vorher bearbeiteten Bibeltextes und das Thema angelehnt werden. Ebenso sind Spieleranzahl und benötigtes Material angegeben. Entsprechend der eigenen Kindergruppe kann das Programm nach der Entdecker-zeit mit diesen Bausteinen ergänzt werden. Es müssen nicht alle Spielbausteine verwendet werden, die Vielfalt soll ermöglichen, dass das Programm auf die eigene Kindergruppe abgestimmt werden kann.
Wahlweise kann zum Beispiel statt des Begrüßungsbausteins auch ein Spielbaustein ausgewählt werden.

Sonderbausteine
Zu jeder Lektion gibt es zwei Sonderbausteine: Der eine Sonderbaustein ist immer ein größeres Spiel, der andere ein Bastelvorschlag. Diese können die Spielbausteine ersetzen, als Zusatzprogramm, für eine weitere Gruppenstunde oder auf einer Freizeit als Programmpunkt verwendet werden.
Achtung: Die Sonderbausteine sind meist sehr zeitintensiv in der Durchführung.

Vorlagen zum Download
Für jede Lektion findet ihr an dieser Stelle im Buch eine Vorlage der Vollgas mit Jesus!-Challenge-Karte bzw. der Vollgas mit Jesus!-Erinnerungskarte, damit ihr schon eine Vorstellung davon habt, wie sie aussieht. Außerdem sind hier alle zusätzlich benötigten Vorlagen (Bastelvorlagen, ein Spielplan, eine Fotostory-Vorlage, Figurenvorlagen für die Verkündigung usw.) zur Ansicht abgedruckt. Nicht noch einmal abgedruckt sind die Bilder, die zur Verkündigung benötigt werden. Alle Vorlagen gibt es auf der Website zum Download ⬇.

DIE WEBSITE ZUM BUCH

Erklärvideos und Downloadvorlagen

Damit das Arbeiten mit diesem Buch noch mehr Freude macht und euch als Mitarbeitende motiviert, neue Verkündigungsmethoden auszuprobieren, gibt es einen größeren Onlinebereich. Hier findet ihr verschiedene Erklärvideos, eine Hörprobe und die Noten des Mottoliedes „Vollgas mit Jesus" sowie alle benötigten Vorlagen der jeweiligen Lektionen und Bilder für die Verkündigungen. Alle Materialien, die es zum Download gibt, sind im Buch mit einem Symbol ⬇ gekennzeichnet, der jeweilige Dateiname steht in Klammern dahinter.

Für alle Lektionen findet ihr dort
» die Noten und eine Hörprobe des Mottoliedes „Vollgas mit Jesus"
» die Druckvorlage für die Wertungsübersicht zur Vollgas mit Jesus!-Challenge
» ein Erklärvideo zum Gebrauch dieses Buches
» ein Erklärvideo zur Mitarbeiter-Challenge
» ein Erklärvideo zur Vollgas mit Jesus!-Challenge

Für die einzelnen Lektionen findet ihr dort
» die Checkliste mit dem Programmablauf und der Materialliste
» ein Erklärvideo zur kreativen Methode der jeweiligen Verkündigung
» weiteres Material (z. B. Bilder) zur Verkündigung, wenn es in der Lektion vermerkt ist
» die Vorlage für die Vollgas mit Jesus!-Challenge-Karten
» die benötigten Bastel-, Gebets- oder Spielvorlagen, die am Ende der jeweiligen Lektion abgedruckt sind

Zugang zu den Daten
Die in diesem Buch enthaltenen Fotos, Abbildungen und Vorlagen sowie zusätzliche Videos und Vorlagen können auf der Website **www.vollgas-mit-jesus.de** als digitale Daten heruntergeladen werden.

Die Daten sind passwortgeschützt. Der Zugangscode ist

1JmV–17!

Dieser Zugangscode darf nicht weitergegeben werden. Nur der Kauf des Buches berechtigt zum Zugang sowie zum Downloaden, Ausdrucken, Kopieren und Verwenden dieser Daten, sofern sie zur Vorbereitung und Durchführung der Inhalte dieses Buches verwendet werden. Eine Vervielfältigung, Verwendung oder Weitergabe darüber hinaus ist ohne Erlaubnis ausdrücklich nicht gestattet.

LET'S GO!

Mich würde doch mal echt interessieren, wer bis hierher alles gelesen hat …! Und zudem würde ich gern dabei sein, wenn ihr euer Vollgas mit Jesus!-Projekt startet. Aber ich weiß, dass Jesus bei euch dabei ist, und das ist wichtig! Euch nun viel Spaß und Gottes reichen überfließenden Segen mit „Vollgas mit Jesus – Jesus nach!"!

WERTUNGSÜBERSICHT FÜR DIE VOLLGAS MIT JESUS!-CHALLENGE

Die Vorlage für die Wertungsübersicht (Wertungsübersicht_Challenge) zur Auswertung der Vollgas mit Jesus!-Challenge gibt es zum Download auf der Website ⬇.

Name	Challenge 1	Challenge 2	Challenge 3	Challenge 4	Challenge 5

VOLLGAS MIT JESUS – MOTTOLIED

KiMiFe-Lied 2015

Die Noten (Noten_Mottolied) und eine Hörprobe (Hörprobe_Mottolied) gibt es zum Download auf der Website .

Intro (2x)
|Em|C |G |D
Uhh oh oh ohh Oh! Uhh oh oh ohh Yeah-Yeah!

Vers
|C 'D |Em
Danke Jesus,
|Em |'G |D
dass du – mein Freund bist.
|C 'D |Em
Dass du, Jesus,
|Em |'G |D
mich nie – allein lässt.
|C 'D |Em
Unsre Freundschaft
|Em |'G |D
macht mich stark, so dass ich dann
|C 'D |Em
für dich Jesus,
|Em |'G |D |D
mutig alles geben kann.

Pre - Chorus
|Em|C |G |D
Jesus, für dich lebe ich mit ganzem Herzen
|C |G |D |Am
Und aller Kraft. Ich folge dir.
|Em |C |G |D
Deine Liebe lässt mich leben, deshalb lebe ich
|C |G |D |D
Vollgas nur mit dir.

Chorus (2x)
|Em |C
Oh o o oh – Vollgas mit Jesus!
|G |D
Oh o o oh – Ich leb mit dir!

Interlude (2x)
|Em |C |G |D
Uhh oh oh ohh Oh! Uhh oh oh ohh Yeah-Yeah!

©2015 Text und Melodie: Jan Wörner
All rights reserved – Used by permission
jan.woerner@gmx.de

» LEKTION 1:
JESUS NACH!
GEBET – MIT GOTT REDEN, WIE JESUS UND SEINE FREUNDE

CHECKLISTE: PROGRAMMABLAUF UND MATERIALLISTE

Diese Checkliste (L1_Checkliste) findest du zum Download auf der Website, sodass du sie ausdrucken und mit eigenen Notizen ergänzen kannst.

Programmablauf	Materialliste
Begrüßung (5 min) (siehe Begrüßungsbaustein oder alternativ die Spielbausteine)	**Begrüßungsbaustein: Leckerschmecker?!** ☐ Senf ☐ Schokolade ☐ Zitrone ☐ weitere Lebensmittel ☐ kleine Löffel ☐ Schälchen
2-3 Lieder (7-15 min) (siehe Musikbaustein)	☐ Mottolied „Vollgas mit Jesus" (Noten_Mottolied) ☐ Noten und Texte für weitere Lieder ☐ Instrumente oder Musik und Abspielgerät für Playback
Verkündigung (ca. 15 min Durchführung)	**Geschichte mit LEGO® erzählen** ☐ 1 Haus aus LEGO® Bausteinen ☐ 1 LEGO® Familie (Vater, Mutter, Kind) ☐ 2 weitere LEGO® Figuren ☐ 1 Schlange, 1 Brot, 1 Skorpion, 1 Fisch und 1 Ei von LEGO®, alternativ kann man sie z. B. auch aus Knete herstellen ☐ alternativ: Bilder (L1_Bilder_Verkündigung) verwenden ☐ Bibel und die ausgearbeitete Verkündigung ☐ Erklärvideo (L1_Video) zur kreativen Methode der Verkündigung **Aktion: Endlossänger** ☐ 1 Hut **Aktion: Schrei lauter** ☐ 1 Schallpegelmessgerät **Aktion: Zulabern** ☐ kein Material
Entdeckerzeit (25-30 min)	**Entdeckeraktion: Versorgungstransport** ☐ bunte Schokolinsen oder Gummibärchen ☐ gleich lange Schnüre (Paketschnur) ☐ 2 Haushaltsgummis ☐ 2 Plastikbecher
	Entdeckerrunde: Nachspielen und reflektieren mit LEGO® Figuren ☐ LEGO® Figuren aus der Verkündigung ☐ vorbereitetes Haus aus LEGO® Steinen ☐ alternativ: Bilder (L1_Bilder_Verkündigung) verwenden ☐ Papier ☐ Stifte ☐ Digitalkamera
	Entdeckergebet (wahlweise): **Gebetsalphabet** ☐ Gebets-ABC (L1_Gebets-ABC) ☐ Stifte **Luftballongebet** ☐ je 1 roter, grüner und blauer Luftballon
Actionzeit (restliche Zeit)	**Spiel- und Sonderbausteine** Deine Auswahl der Spiel- oder Sonderbausteine: ☐ Die verlorene Kappe ☐ Zeitbomben ☐ Kämpfe um Aufmerksamkeit ☐ Experiment: Hören über einen Bindfaden ☐ Sonderbaustein: Stadtspiel – Geräusche sammeln ☐ Sonderbaustein: Dosentelefon basteln
Vollgas mit Jesus!-Challenge (3-5 min)	**Mit Gott reden** ☐ Vollgas mit Jesus!-Challenge-Karten (L1_Challenge-Karten)
Abschluss mit Gebet (2 min)	

MITARBEITERIMPULS

Dieser Impuls kann als Ermutigung zu Beginn, wenn du dich mit dem Mitarbeiterteam triffst, erzählt oder vorgelesen werden:

Jesus selbst sagt uns, dass Gott uns jeden Tag und jeden Moment hört. Er hört unsere Bitten und Gebete und ist jederzeit bereit, uns auf seine vollkommene gute Art zu helfen. Er ist jeden Moment bei uns. Jesus vergleicht dies mit einem Mann, der bei Nacht gebeten wird, einem Bekannten Brote zu geben. Im Orient war es üblich, absolut gastfreundlich zu sein. Selbst wenn man nachts um etwas gebeten wurde, musste man aufstehen und demjenigen dienen. Man konnte nicht anders. So ist es bei Gott. Selbst zu den unmöglichsten Zeiten können wir mit ihm Kontakt aufnehmen und ihn um wirklich alles bitten. Wir haben die Möglichkeit, genau das zusammen mit den Kindern zu erfahren, vor allem dann, wenn wir es mit ihnen leben.

Mitarbeiter-Challenge

Versuche einige Kinder persönlich zu fragen, ob es etwas gibt, für das du beten kannst. Oftmals bietet sich dazu die Möglichkeit, wenn die Kinder ankommen, wenn ein kleiner Snack mit Pause eingebaut wird oder bei Spielstationen, wenn wenig los ist. Schnapp dir doch dieses Mal drei Kinder, die du fragen willst. Dann kannst du dir bis zum nächsten Treffen jeden Tag eine Minute Zeit nehmen, für sie zu beten!

BIBLISCHEN TEXT ERARBEITEN

Vorbereitungszeit: ca. 30 Minuten

Bete, dass Gott dir beim Bearbeiten des Bibeltextes zeigt, was für dich persönlich dran ist und was für die Kinder wichtig ist, damit sie geistlich wachsen können.

Du kannst den Text zuerst einmal durchlesen und ihn dann bearbeiten. Unterstreiche hierfür im untenstehenden Bibeltext Sätze und Wörter mit folgenden Farben:

- Das finde ich für mich persönlich und für die Kinder wichtig.
- Da steht etwas über Gott, Jesus oder den Heiligen Geist.
- Da steht etwas zum Thema der Lektion oder etwas, das dazu wichtig ist.
- Personen, über die ich nachher noch mehr Wissen sammeln werde.
- Orte, Zeiten oder andere wichtige Angaben, mit denen die Geschichte eingeordnet werden kann.

Lukas 11,1.5-13: Jesus erklärt beten

1 Einmal hatte sich Jesus zurückgezogen,
um zu beten.
Als er sein Gebet beendet hatte,
bat ihn einer seiner Jünger:
„Herr, lehre uns beten –
so wie auch Johannes
seine Jünger beten gelehrt hat."

5 Dann sagte Jesus zu seinen Jüngern:
„Stellt euch vor:
Einer von euch hat einen Freund.
Mitten in der Nacht geht er zu ihm
und sagt:
‚Mein Freund, leihe mir doch drei Brote!
6 Ein Freund hat auf seiner Reise bei mir haltgemacht
und ich habe nichts im Haus,
was ich ihm anbieten kann.'
7 Aber von drinnen kommt die Antwort:

‚Lass mich in Ruhe!
Die Tür ist schon zugeschlossen
und meine Kinder liegen bei mir im Bett.
Ich kann jetzt nicht aufstehen
und dir etwas geben.'
8 Das sage ich euch:
Schließlich wird er doch aufstehen und ihm geben,
was er braucht –
nicht aus Freundschaft,
aber wegen seiner Unverschämtheit.

9 Deshalb sage ich euch:
Bittet
und es wird euch gegeben!
Sucht
und ihr werdet finden!
Klopft an
und es wird euch aufgemacht!
10 Denn wer bittet,

der bekommt.
Und wer sucht,
der findet.
Und wer anklopft,
dem wird aufgemacht.
11 Gibt es unter euch einen Vater,
der seinem Kind eine Schlange gibt,
wenn es um einen Fisch bittet?
12 Oder einen Skorpion,
wenn es um ein Ei bittet?
13 Ihr Menschen seid böse –
trotzdem wisst ihr,
was euren Kindern guttut,
und gebt es ihnen.
Wie viel eher wird der Vater vom Himmel her
denen den Heiligen Geist geben,
die ihn darum bitten."

ERKLÄRUNGEN ZUM TEXT

Kontext
Jesus ist viel mit seinen Jüngern unterwegs. Sie erleben ihn hautnah und lernen viel von ihm. In diesem Abschnitt sehen sie, wie Jesus betet und wollen genau das von ihm lernen. Jesus hat für die Jünger eine faszinierende Art, mit seinem Vater zu reden. Diese begeistert sie, und sie möchten es ihm nachmachen.

Personen
Jesus: Er ist Gottes Sohn und lebte auf der Erde, um uns Menschen zu offenbaren, wer und wie Gott ist. Er zeigte, wie wir mit Gott leben können. Er selbst war ständig in Gemeinschaft mit Gott, seinem Vater, und verbrachte viel Zeit im Gebet mit ihm. Sein Auftrag war es, die Menschen mit Gott zu versöhnen, damit sie nicht mehr von Gott getrennt sind. Er nahm das, was uns von Gott trennt, mit in den Tod, starb dafür am Kreuz. Drei Tage später stand er von den Toten auf! Er besiegte den Tod, sodass die Menschen, die ihm vertrauen und an ihn glauben, hier und bis in Ewigkeit als Freunde und Kinder Gottes mit ihm versöhnt leben können.

Jünger: Sie wollen mehr von Jesus lernen und ihn und Gott immer besser verstehen. Sie folgen Jesus fast überallhin und erfahren so persönlich, wer er ist und wie er ihr Leben verändert. Sie sind so etwas wie Schüler – oder mehr noch Freunde von Jesus. Später schickt Jesus sie los, anderen von ihm, Gott und was er für sie tun wird, zu erzählen!

Johannes der Täufer: Johannes war ebenfalls ein Lehrer, der von Gott predigte, Menschen taufte und Gott voll vertraute. Auch er hatte Jünger, sozusagen Schüler und Freunde, die von ihm lernen wollten, wie man mit Gott lebt. Er zeigte ihnen, wie man mit Gott reden kann.

Personen aus der Geschichte Jesu: Jesus erklärt vieles durch Geschichten. Er weiß, dass Menschen gern Geschichten hören, sie sich meist besser merken und verstehen können als trockene Theorie. Hier verwendet er das Bild der damaligen orientalischen Gastfreundschaft und Hilfsbereitschaft. Am Ende schließt er mit dem Bild eines Vaters und seines Kindes. In beiden Geschichten geht es vor allem um die Beziehung der Personen zueinander: ein liebender Vater, der seinem Kind nichts Schlechtes möchte, und ein schlafender Mann, der einem Hilfesuchenden die Bitte nicht abschlagen kann.

Heiliger Geist: Als Jesus vom Tod auferstanden und zurück in den Himmel gegangen ist, hat er seinen Jüngern und den Menschen, die ihm folgen, den Heiligen Geist geschickt. Er ist ein Teil von Gott und erinnert uns daran, an Jesus dranzubleiben. Er hilft uns, immer mehr mit Jesus zu leben. Er tröstet, ermutigt, redet zu uns und zeigt uns immer wieder, wer Gott ist. Er ist ein Beistand, wie ein unsichtbarer Freund mit direkter Telefonleitung zu Gott.

Begriffe und weitere Erklärungen
Beten: Ist das Reden mit Gott. So, wie man mit jedem anderen Menschen redet, kann man mit Gott reden. Wir sagen ihm, wie es uns geht, bitten ihn um Hilfe, Trost oder Schutz, loben und danken ihm. Am besten kann man das von Jesus ganz direkt lernen, z. B. durch diese Geschichte.

Gastfreundschaft in Israel: Gastfreundschaft bedeutete in Israel sehr viel. Eine Bitte von jemandem abzuschlagen, der bei jemandem um Hilfe bat, ging nicht. Darüber hätte am nächsten Tag das ganze Dorf geredet. Die Leute wussten auch, dass sie selbst vielleicht einmal Hilfe bräuchten, und waren daher immer bereit, zu helfen. Deswegen musste der Mann in der Geschichte die Brote herausgeben.

Häuser im Orient: Die Häuser waren damals nicht so schalldicht wie unsere heutigen. Daher konnte man sich sogar mit Leuten durch Wände hindurch unterhalten. Das hatte aber auch den Nachteil, dass es einige mitbekommen hätten, wenn jemand nicht gastfreundlich gewesen wäre. Das sprach sich schnell herum.

Schlange, Fisch, Skorpion und Ei: Fische und Eier waren damals gute und alltägliche Nahrungsmittel. Schlangen und Skorpione dagegen durfte man nicht essen. Das war in der Kultur der Israeliten unmöglich, da diese Tiere als unrein galten. Zudem sind sie giftig.

Böser Mensch: Lukas meint hier einen Menschen, der Dinge tut, die Gott nicht gefallen und ihn von ihm trennen. Aber trotzdem liebt Gott die Menschen so sehr, dass er ihnen durch Jesus vergibt und sogar einen Beistand schenkt: den Heiligen Geist. Gott weiß, dass die Menschen hier noch nicht perfekt sind, aber er hilft ihnen jeden Tag, mehr von ihm zu lernen und immer mehr Jesus ähnlich zu werden.

Bittet und es wird euch gegeben! Sucht und ihr werdet finden! Klopft an und es wird euch aufgemacht!: Das ist ein großes Versprechen: Gott ist für alle da und will immer das Beste. Gott gibt allen das, was sie brauchen. Aber das ist nicht immer genau das, worum wir ihn gebeten haben. Gott kann Dinge auch anders, besser oder für einen persönlich unverständlich erfüllen. Da gilt es, ihm zu vertrauen!

MINDMAP

START

Zielgedanke: Mit Gott reden, wie Jesus und seine Freunde

Was genau nehmen die Kinder zu diesem Thema mit in die nächste Woche und ihr Leben?

Dazu helfen zwei Anfänge:
» Die Kinder verstehen und erleben, dass ...
» Die Kinder wollen das in der nächsten Zeit tun: ...

1 Biblischen Text erarbeiten

Du hast auf den beiden vorherigen Seiten die biblische Geschichte vorbereitet. Diese stellt die Grundlage für die weitere Ausarbeitung dar, falls du sie also noch nicht bearbeitet hast, fange am besten jetzt damit an!

2 Lebenswelt der Kinder aus deiner Kindergruppe

Kennen die Kinder das Beten? Beten die Kinder selbst?
Warum ist das Gebet für Kinder wichtig?
Über was würden die Kinder mit Gott reden?

Idee: Du kannst den Kindern helfen zu beten, indem ...

» du immer wieder gern für sie betest. Frag sie immer mal wieder, für was du beten kannst. Damit bist du ein Vorbild für sie, und es ermutigt dich selbst, immer wieder dranzubleiben!
» du mit ihnen betest. Nutze die verschiedenen Ideen, wie man mit Kindern beten kann, und bete laut mit ihnen. Das macht ihnen Mut!
» du ganz einfache Worte und einfache kurze Sätze benutzt. Verwende eine komische Kindersprache. Zeige ihnen, wie man mit Gott, dem Papa, reden kann, und mache ihnen Mut, es selbst auszuprobieren!

3 Verkündigung als LEGO® Geschichte

Die Geschichte hast du bereits auf den vorherigen Seiten vorbereitet. Wie du sie erzählen kannst, findest du auf der nächsten Doppelseite. Hier sind einige Aktionen für den Einstieg, mit denen du die Kinder spielerisch in das Thema der Geschichte hineinnehmen kannst. Such dir eine Aktion aus, die den Kindern Lust macht, noch mehr darüber zu erfahren und es auszuprobieren!

Aktion: Endlossänger

Die Kinder werden in mindestens zwei Gruppen eingeteilt. Jeweils ein Kind pro Gruppe stellt sich vorne vor seine Gruppe. Sobald du nun einem der Kinder vorne einen Hut aufsetzt, muss es anfangen, ein Lied zu singen. Die Gruppe stimmt dann mit ein. Ist ein Lied kurz angesungen, wird der Hut auf das nächste Kind der Gegnergruppe gesetzt. Wenn dem Kind vorne nichts einfällt, darf ein Kind aus der Gruppe laut anfangen, ein Lied zu singen, in das alle mit einstimmen müssen. Ist zu lange eine Pause, nachdem ein Kind den Hut aufhat, scheidet die Gruppe aus. Gewonnen hat die Gruppe, die zum Schluss übrigbleibt!

Material: 1 Hut

Aktion: Schrei lauter

Mit einem Schallpegelmessgerät kannst du testen, wie laut die Kinder schreien können. Bilde dazu zwei Gruppen und fordere sie heraus, lauter zu schreien als die andere. Die Geräte gibt es im Musikladen, Technikladen oder online zu kaufen.

Material: 1 Schallpegelmessgerät

Aktion: Zulabern

Zwei Kinder stehen sich gegenüber. Nach einem Startsignal müssen beide anfangen, über irgendetwas zu reden. Am besten bekommen die Kinder vorher kurz Zeit, sich ein Thema zu überlegen, z. B. Schule, Freunde oder Tomaten. Wer als Erstes zu reden aufhört, hat verloren.

Material: keines

ABSCHLUSS

Jedes Kind darf sagen, was ihm heute gut gefallen hat und was es heute zum Thema Gebet entdeckt hat. Zum Beispiel: „Ich will mit Gott reden wie Jesus und seine Freunde, weil ... (z. B. ich ihm alles sagen darf.)"

Mit einem gemeinsamen Gebet könnt ihr auseinandergehen. Zum Beispiel dürfen alle kurz sagen:
„Danke heute für ..."
„Ich bitte dich heute für ..."
Nachdem jeder/jede dran war, rufen alle gemeinsam „Vollgas mit Jesus!" und springen hoch. Jesus hat es gehört und er geht mit allen mit!

6 Vollgas mit Jesus!-Challenge

Es gibt viele Gebete in der Bibel, sogar ein ganzes Buch voll davon: die Psalmen.
Die Leute damals konnten sie auswendig, sodass sie jederzeit mit Gott reden konnten, auch wenn sie selbst gerade keine eigenen Worte fanden. „Der HERR ist mein Hirte. Mir fehlt es an nichts." ist der Anfang von Psalm 23. Wenn man ihn auswendig kann, ist er immer parat und kann Mut machen, wenn man gerade in Schwierigkeiten steckt oder Angst hat. Gott hört das. Übe den Vers zusammen mit den Kindern vor Ort ein, falls sie noch nicht lesen können. Daheim können sie dann ihre Eltern weiter um Hilfe bitten!
Die Challenge-Karten (L1_Challenge-Karten) mit dem Familienimpuls können den Kindern in diesem Teil mit nach Hause gegeben werden. Die Vorlage (siehe S. 26) gibt es zum Download ⬇.

4 Entdeckerzeit

5 Bausteine
Siehe ab Seite 24

1. Entdeckeraktion (5 Minuten): Versorgungstransport
Die Kinder werden in zwei Gruppen aufgeteilt. Jede Gruppe bekommt einen Becher und ein Haushaltsgummi, an dem 1 m lange Schnüre (so viele wie Kinder in der jeweiligen Gruppe) dran sind. Beide Gruppen stellen sich an einem Ende des Raumes oder an einer Startlinie auf. Vor jede Gruppe wird ein Becher gestellt. In diesem Becher müssen nun Schokolinsen an das andere Ende des Raumes transportiert werden. Dort steht ein Mitarbeiter / eine Mitarbeiterin, der/die sich eine Farbe wünscht. Die Gruppe nimmt sich eine Schokolinse der richtigen Farbe in den Becher. Dann nimmt jedes Kind das Ende seiner Schnur, sodass alle gemeinsam mit dem Haushaltsgummi versuchen müssen, den Becher hochzuheben und zu dem/der Mitarbeitenden zu transportieren. Die Kinder dürfen nur das Ende der Schnüre berühren, nicht den Becher! Die Gruppe, die zuerst die farblich richtige Schokolinse dem Mitarbeiter / der Mitarbeiterin bringt, hat gewonnen.

Material: 2 Plastikbecher, 2 Haushaltsgummis, Paketschnur, bunte Schokolinsen oder Gummibärchen

2. Entdeckerrunde (15-20 Minuten): Nachspielen und reflektieren mit LEGO® Figuren
Die Kinder bekommen das Haus und die Figuren und versuchen, die Geschichte nochmals darzustellen. Dann wird gesammelt, was sie in dieser Geschichte über das Reden mit Gott entdecken. Alternativ kann man die Bilder aus der Verkündigung nehmen (L1_Bilder_Verkündigung). Dazu wird dann ein Plakat gestaltet: Auf ein Blatt schreibt jedes Kind seine Aussage. Verwendet man die LEGO® Figuren, kann das Kind mit ihnen die Situation darstellen, die dann fotografiert wird.

Material: vorbereitetes Haus aus LEGO® Steinen und die LEGO® Figuren der Verkündigung (alternativ Bilder (L1_Bilder_Verkündigung) ⬇), Papier, Stifte, Digitalkamera

Erweiterung: Fragen für die Gruppe, um noch mehr zu entdecken (Auch dazu kann man mit den Figuren versuchen, etwas darzustellen und dies dann fotografieren.)
» Was wollen die Jünger von Jesus lernen?
» Was findet ihr schwierig oder komisch beim Beten?
» Wann betet ihr? Wie oft?
» Wo kann man beten?
» Wie funktioniert wohl Gebet?
» Was motiviert, regelmäßig bzw. immer wieder zu beten?

3. Entdeckergebet (5 Minuten): Gebetsalphabet oder Luftballongebet
Suche für die Gruppe eine Idee aus:

Idee 1: Auf einem Blatt stehen alle Buchstaben des Alphabetes. Hinter jeden Buchstaben wird ein Anliegen geschrieben, für das man Gott bitten, danken oder ihn loben will. Eine gemeinsame Gebetsrunde schließt diese Zeit ab.

Material: Blatt mit einem Gebets-ABC (L1_Gebets-ABC) selbst gestalten oder ausdrucken ⬇ (siehe S. 27), Stifte

Idee 2: In die Mitte eines Sitzkreises werden 3 Luftballons gelegt.
» Roter Ballon: Er symbolisiert den „Danke-Ballon"
» Grüner Ballon: Er symbolisiert den „Dafür-möchte-ich-dich-bitten-Ballon"
» Blauer Ballon: Er symbolisiert den „Das-finde-ich-an-dir-toll-Ballon"

Dann wird reihum gebetet. Man darf sich, wenn man dran ist, einen der Ballons nehmen und entsprechend Gott etwas sagen. Danach legt man ihn zurück und jemand anderes ist dran.

Material: je 1 roter, grüner und blauer Luftballon

VERKÜNDIGUNG

Vorbereitungszeit der Verkündigung: ca. 15 Minuten
Die Geschichte wird mit LEGO® Figuren erzählt. Alternativ können andere Figuren verwendet oder passende Bilder (L1_Bilder_Verkündigung) ⬇ heruntergeladen und anhand derer die Geschichte erzählt werden.
Material: 1 Haus aus LEGO® Bausteinen, 1 LEGO® Familie (Vater, Mutter, Kind), 2 weitere LEGO® Figuren, 1 Schlange, 1 Brot, 1 Skorpion, 1 Fisch und 1 Ei von LEGO®, diese kann man sich z. B. auch aus Knete herstellen (alternativ: Bilder (L1_Bilder_Verkündigung) ⬇ verwenden), Bibel, Erklärvideo (L1_Video) ⬇ zur kreativen Methode der Verkündigung

Jesus sucht sich immer wieder einen Ort, an dem er mit Gott, seinem guten Vater, reden kann. Das ist ihm mega wichtig. Er will und kann ihm alles sagen. Er ist ja sein absolut guter Papa, der immer das Beste für ihn will. Die Jünger staunen und wollen auch so beten lernen. Sie finden das genial, so einen Vater zu haben. Daher fragen sie Jesus, warum er betet und wie das geht. Jesus bringt ihnen ein Gebet bei und erzählt eine Beispielgeschichte. Findet heraus, was Jesus beim Beten wichtig ist und was die Jünger zum Thema Gebet erfahren haben.

(Stell das LEGO® Haus auf, lege die Familie während des Erzählens zum Schlafen hinein.) Es ist mitten in der Nacht in Israel. Das war für alle ein langer Tag, der Papa war bestimmt arbeiten. Die Kinder haben der Mama geholfen, waren in der Schule und haben Freunde getroffen. Die Mama hat vermutlich den ganzen Tag geputzt, gekocht und sich um die Kinder gekümmert. Jetzt schlafen alle.

(Die Geschichte nun vor dem Haus mit den zwei anderen Figuren beim Erzählen mitspielen.) Einer schläft nicht, ein Nachbar. Er hat in der Bibel keinen Namen, daher nennen wir ihn mal Tom. Mitten in der Nacht kommt sein Freund Jonny von einer langen Reise bei ihm an. Jonny hat richtig Hunger, nur leider hat Tom gar nichts zu essen. Alles Brot ist aufgegessen. Damals durfte man Gäste nicht hungrig ins Bett gehen lassen. Dem anderen zu dienen und ihn mit allem zu versorgen, war ganz wichtig. Man musste helfen. Gastfreundschaft war wie ein ganz wichtiges Gesetz im ganzen Land und sogar in allen Ländern um Israel herum.

Also macht sich Tom auf den Weg und klopft bei seinen Nachbarn an die Tür. Mitten in der Nacht. Es gab noch keine Klingel, daher klopft er laut gegen die Tür. **(Klopf dabei laut auf den Boden/Tisch.)** „Hey Nachbar, ein Freund von mir ist zu Besuch gekommen, und ich habe nichts zu essen im Haus." Der Nachbar schreit aus dem Schlafzimmer: „Lass mich in Ruhe. Weißt du eigentlich, wie viel Uhr es ist? Die Tür ist schon für die Nacht fest verschlossen, und wir liegen alle im Bett. Um diese Zeit helfe ich dir nicht!" Was würdet ihr machen? **(Kinder antworten lassen. Sie sollen verschiedene Möglichkeiten suchen.)**

(Mit den Figuren das Erzählte darstellen.) Weil Gastfreundschaft so wichtig ist, hilft der Nachbar dann doch. Er muss. Wenn er ihm nicht hilft, erzählen morgen alle im Ort herum, dass er unfreundlich ist. Dann reden alle schlecht über ihn. Es ist schließlich mega wichtig, anderen zu helfen. Also steht er auf und holt Brot. Er öffnet die Tür und Tom freut sich richtig. Jetzt kann er Jonny etwas zu essen geben. Jesus beendet die Geschichte. Er sagt den Jüngern: „Wenn er vielleicht auch nicht geholfen hat, weil Tom sein Freund ist, so musste er trotzdem helfen. Denn sonst hätten die anderen schlecht über ihn geredet. Und Tom hätte ganz lange geklopft. Vielleicht hätte der Mann auch geholfen, nur damit endlich das Klopfen aufhört. So ist es auch bei Gott. Wenn wir ihn um etwas bitten, dann werden wir auch etwas bekommen. Wenn wir ihn suchen, dann werden wir ihn finden. Und wenn wir bei ihm anklopfen, dann wird er uns aufmachen. Jesus meint damit nicht, dass wir irgendwo hier auf der Erde Gottes Haus suchen und finden und anklopfen sollen. Sondern, dass er wie in dieser Geschichte immer für uns da sein wird.

In der Bibel steht es so: Denn wer bittet, wird erhalten. Wer sucht, wird finden. Und die Tür wird jedem geöffnet, der anklopft. Die Jünger haben das nicht gleich kapiert, deshalb gibt Jesus ihnen noch zwei kleine Beispiele: **(Dies kannst du mit den Figuren vorspielen.)**
Ein Kind möchte am nächsten Morgen einen Fisch und ein Ei. Würde ein Vater seinem Kind eine giftige Schlange geben, wenn es einen Fisch haben möchte?

Oder einen giftigen Skorpion, wenn es ein Ei haben möchte? Jesus sagt den Jüngern, dass Gott, unser Vater, uns Gutes gibt, genauso wie unser Vater uns Gutes geben möchte. Er will uns sogar viel, viel mehr geben, als ein Vater es kann. Denn er ist der perfekte Papa, der es gut mit uns meint. Er schenkt uns sogar den Heiligen Geist. Der ist so etwas wie eine unsichtbare Telefonleitung direkt zu Gott, wenn wir mit Gott reden. Jesus will, dass wir mit ihm und Gott immer reden und ihn um alles bitten, was wir brauchen.

BEGRÜSSUNGSBAUSTEIN: LECKERSCHMECKER?!

In die Mitte des Raumes werden verschiedene Lebensmittel gelegt: welche, die gut schmecken, und welche, die nicht jedem schmecken (z. B. Senf mit Zitronensaft und Schokolade). Die Kinder können davon probieren. Danach kann man sich darüber austauschen, was wem schmeckt und was nicht. Inhaltlich wird dann später darauf Bezug genommen, dass Gott uns Dinge gibt, die gut für uns sind, und keine, die uns schaden.
Material: Senf, Schokolade, Zitrone, weitere Lebensmittel, kleine Löffel, Schälchen
Spieleranzahl: ab 2

MUSIKBAUSTEIN

Singt doch ein bekanntes Lied zu Beginn, dann das Mottolied „Vollgas mit Jesus" und zum Schluss noch ein passendes zum Thema. Zum Beispiel:
» **Begrüßungslied:** „Jesus wir heißen dich willkommen" – von Thomas Klein
» **Mottolied:** „Vollgas mit Jesus" – Noten (Noten_Mottolied) und eine Hörprobe (Hörprobe_Mottolied) gibt es zum Download ⬇, den Text findest du auf S. 15!
» **Lied zum Thema:** „Sing, sing, sing and pray" – von Arno Backhaus

SPIELBAUSTEINE

Die verlorene Kappe
Einer/eine spielt den Schuldirektor, alle anderen bekommen eine Nummer (nach Anzahl der Spielenden).
Kind 1 fängt an: „Der Schuldirektor hat seine Kappe verloren, Nummer ... hat sie gefunden."
Das Kind X mit dieser Nummer beginnt, mit dem anderen nun folgenden Dialog:
Kind X: Was ich?
Kind 1: Ja, du!
Kind X: Ich nicht!
Kind 1: Wer dann?
Kind X: Die Nummer ...
Der Dialog geht nun zwischen Kind X und dem Kind mit der neu aufgerufenen Nummer weiter.
Ab und zu kann man auch statt der Nummer: „Der Schuldirektor selbst" rufen. Der Direktor antwortet: "Was, ich?" – „Ja, Sie!" – „Ich nicht!" – „Wer dann?" – „Die Nummer ..."
Wer einen Fehler macht, scheidet aus oder setzt sich ans Ende der Reihe. Alle anderen rutschen auf und bekommen nun die Nummer des Platzes, auf welchen sie gerutscht sind.
Material: keines
Spieleranzahl: ab 4

Zeitbomben
Im Raum werden mehrere tickende Küchenuhren versteckt. In 3 Minuten gehen sie hoch, sie fangen an zu läuten. Die Gruppe bekommt den Auftrag, die Bomben zu entschärfen. Sie erhält dazu Informationen über die Anzahl der Bomben. Dabei müssen – nur mit den Ohren (d. h. ohne Hände) – alle versteckten Uhren gefunden werden. Erst wenn alle entdeckt wurden, dürfen sie herausgeholt und entschärft, d. h. abgedreht, werden.
Material: 2-5 tickende Küchen- bzw. Eieruhren
Spieleranzahl: ab 2

Kämpfe um Aufmerksamkeit
Zwei Freiwillige bekommen ein Thema (Obst, Mama ...) genannt. Nun müssen beide gleichzeitig den restlichen Gruppenmitgliedern 2 Minuten lang etwas über das Thema erzählen. Anschließend wird abgestimmt, wer den besseren, interessanteren Vortrag gehalten hat.
Material: keines
Spieleranzahl: ab 2

Experiment: Hören über einen Bindfaden
Es wird ein Löffel in die Mitte eines 70 cm langen Bindfadens gebunden. Ein Kind wickelt nun die Enden des Bindfadens um jeweils einen Zeigefinger und steckt diese beiden dann in seine Ohren. Ein anderes Kind kann mit einem weiteren Löffel gegen den angebundenen Löffel stupsen. Das Kind hört nun den Löffel, da der Schall über das Seil übertragen wird. Es kann noch ausprobiert werden, wie andere Sachen klingen.
Material: mind. 70 cm langer Bindfaden, Löffel
Spieleranzahl: ab 1

SONDERBAUSTEIN: STADTSPIEL – GERÄUSCHE SAMMELN

Mit diesem Stadtspiel kann nochmals auf das Thema Gebet eingegangen werden. Reden mit Gott ist bitten, fragen, danken, loben und bei all dem natürlich auch hören!

Geräuschsammlungen anlegen

Bildet Kleingruppen, von denen jede mit einem Gerät zur Tonaufnahme ausgestattet sein muss (z. B. Smartphones, Aufnahmegeräte, Diktiergeräte).

Zudem bekommt jede Gruppe ein Blatt mit Geräuschen, die es zu finden gilt, und einen Stift zum Abhaken. Es ist wichtig, dass die Gruppe die Aufgaben in der Reihenfolge mit Nummern kennzeichnet, wie sie sie aufnimmt, damit nachher die Auswertung einfach geht. Es muss eine bestimmte Zeit angegeben werden, bis wann alle wieder zurück sein müssen. Die Mitarbeitenden sollten sich auf die Gruppen verteilen und sie begleiten.

Dann gehen alle Gruppen los. Es gilt nun, verschiedene Geräusch-Aufgaben zu erfüllen:
Das Aufgabenblatt sollte zehn Geräusche der folgenden Liste enthalten, welche die Kinder finden müssen.
- » ein Autogeräusch
- » ein Geräusch eines Baumes
- » möglichst viele schreiende Menschen
- » zwei verschiedene Geräusche in einem Supermarkt
- » Kirchenglockenläuten
- » ein Tiergeräusch (z. B. Hundebellen oder Vögel)
- » Wasserplätschern
- » eine Durchsage, z. B. am Bahnhof
- » zwei verschiedene Haustürklingeln
- » ein Husten
- » eine Fahrradklingel
- » ein Piepen an einer Ampel für blinde Menschen

Als Bonus dürfen sie noch drei weitere Geräusche suchen.
Material: je Gruppe 1 Smartphone, Aufnahmegerät, Diktiergerät o. Ä., Aufgabenblatt, Stift
Spieleranzahl: ab 2 (entweder verschiedene Gruppen gegeneinander oder alle spielen zusammen in einer Gruppe)

Auswertung bei mehreren Gruppen

Alle gemeinsam können nun nacheinander die Tonbänder anhören oder einer/eine der Mitarbeitenden wertet sie aus, während die anderen noch ein anderes Spiel aus den Spielbausteinen spielen. Jedes gut zu hörende und richtige Geräusch gibt 2 Punkte. Jedes Geräusch, das schlecht zu hören oder nicht ganz richtig ist, gibt 1 Punkt. Jedes falsche, gar nicht zu hörende oder nicht vorhandene Geräusch zu einer Aufgabe gibt 0 Punkte.

Auswertung bei einer Aktion mit nur einer Gruppe

Gemeinsam hören alle nochmals die Geräusche durch. Wie viele verschiedene Geräusche hat die Gruppe geschafft? Vielleicht wurden sogar unbekannte Geräusche gefunden? Wie viele? Vielleicht entdecken die Kinder bis nächste Woche noch mehr Geräusche und können sich darüber austauschen.

SONDERBAUSTEIN: DOSENTELEFON BASTELN

In die Mitte des Dosenbodens ein kleines Loch schlagen oder bohren (es sollte die Schnur ganz knapp durchpassen). Ein Schnurende von außen durch das Loch in den Dosenboden stecken. An das Ende einen Zahnstocher knoten, sodass die Schnur nicht herausrutschen kann. Das Gleiche nun mit dem anderen Ende der Schnur machen. Um miteinander zu telefonieren, muss die Schnur gespannt sein. Ein Kind spricht in seine Dose hinein, das andere muss hineinhören (am besten das Ohr direkt an die Dose halten). Die Stimme wird nun bis zur anderen Dose übertragen.
Material: 2 leere, saubere Konservendosen (Achtung: keine scharfen Kanten! Zur Not gehen auch Joghurtbecher!), 10-12 m lange, dünne Paketschnur oder Nylonfaden, 2 Zahnstocher

VORLAGEN ZUM DOWNLOAD

Vollgas mit Jesus!-Challenge-Karte (L1_Challenge-Karten)

Mit Gott reden
Psalm 23
1 Der HERR ist mein Hirte.
Mir fehlt es an nichts.
2 Die Weiden sind saftig grün.
Hier lässt er mich ruhig lagern.
Er leitet mich zu kühlen Wasserstellen.
3 Dort erfrischt er meine Seele.
Er führt mich gerecht durchs Leben.
Dafür steht er mit seinem Namen ein.
4 Und muss ich durch ein finsteres Tal,
fürchte ich keine Gefahr.
Denn du bist an meiner Seite!
Dein Stock und dein Stab
schützen und trösten mich.
5 Du deckst für mich einen Tisch
vor den Augen meiner Feinde.
Du salbst mein Haar mit duftendem Öl
und füllst mir den Becher bis zum Rand.
6 Nichts als Liebe und Güte begleiten
mich alle Tage meines Lebens.
Mein Platz ist im Haus des HERRN.
Dorthin werde ich zurückkehren –
mein ganzes Leben lang!
(BasisBibel)

Idee für die ganze Familie
Gemeinsam beten ist eine tolle Erfahrung. Ihr könnt das Gebet Davids zu eurem eigenen machen und es abends oder morgens zusammen als Guten Morgen- oder Gute Nacht-Gebet sprechen. Darin sagen wir uns zu, dass Gott da ist und er uns mit allem versorgt, was wir brauchen!

Weitere Idee: Übt gemeinsam den Anfang von Psalm 23 „Der HERR ist mein Hirte. Mir fehlt es an nichts." ein.

Zeit zum Reden?
Frage deine Eltern: Wie betet ihr?
Frage dein Kind / deine Kinder:
Für was können wir für euch beten?

Gebets-ABC (L1_Gebets-ABC)

GEBETS-ABC

A _____
B _____
C _____
D _____
E _____
F _____
G _____
H _____
I _____
J _____
K _____
L _____
M _____
N _____
O _____
P _____
Q _____
R _____
S _____
T _____
U _____
V _____
W _____
X _____
Y _____
Z _____

» LEKTION 2:
JESUS NACH!
BIBEL – MIT GOTT ZEIT VERBRINGEN, WIE NEHEMIA UND ESRA

CHECKLISTE: PROGRAMMABLAUF UND MATERIALLISTE

Diese Checkliste (L2_Checkliste) findest du zum Download auf der Website, sodass du sie ausdrucken und mit eigenen Notizen ergänzen kannst ⬇.

Programmablauf	Materialliste
Begrüßung und Abfragen der Vollgas mit Jesus!-Challenge (5-10 min) (siehe Begrüßungsbaustein oder alternativ die Spielbausteine)	**Begrüßungsbaustein: Lieblingsgeschichten** ☐ DIN-A3-Plakat ☐ Comics ☐ Bücher ☐ Filmplakate ☐ Stifte ☐ Klebepunkte
2-3 Lieder (7-15 min) (siehe Musikbaustein)	☐ Mottolied „Vollgas mit Jesus" (Noten_Mottolied) ⬇ ☐ Noten und Texte für weitere Lieder ☐ Instrumente oder Musik und Abspielgerät für Playback
Verkündigung (ca. 15 min Durchführung)	**Geschichte mit Mitmachsteinen (oder alternativ bunten Stiften) erzählen** ☐ Bauklötze/Stifte in rot, gelb, grün, blau ☐ Bibel und die ausgearbeitete Verkündigung ☐ Erklärvideo (L2_Video) ⬇ zur kreativen Methode der Verkündigung **Aktion: Spontantheater** ☐ verschiedene Verkleidungen ☐ unterschiedliche Gegenstände (z. B. Klobürste, Topf, Fußball, Blume, Glas, Geldbeutel) **Aktion: Pantomime** ☐ verschiedene Begriffe
Entdeckerzeit (25-30 min)	**Entdeckeraktion: Wahr oder Falsch** ☐ Luftballons **Entdeckerrunde: Bibelentdeckerkarten** ☐ Bibelentdeckerkarten (L2_Bibelentdeckerkarten) ⬇ ☐ 1 Würfel ☐ 1 Spielfigur ☐ Bonbons **Entdeckergebet: Gebetsgirlande** ☐ Wäscheleine ☐ Wäscheklammern ☐ Stifte ☐ Notizzettel
Actionzeit (restliche Zeit)	**Spiel- und Sonderbausteine** Deine Auswahl der Spiel- oder Sonderbausteine: ☐ Bibelball ☐ Bibelschmuggler ☐ Die Bibel – ein wichtiges Buch ☐ Sonderbaustein: Mauerbaufest ☐ Sonderbaustein: Bibelkartenspiel basteln
Vollgas mit Jesus!-Challenge (3-5 min)	**Mit Gott Zeit verbringen** ☐ Vollgas mit Jesus!-Challenge-Karten (L2_Challenge-Karten) ⬇
Abschluss mit Gebet (2 min)	

MITARBEITERIMPULS

Dieser Impuls kann als Ermutigung zu Beginn, wenn du dich mit dem Mitarbeiterteam triffst, erzählt oder vorgelesen werden:

Was ist die Bibel für dich?
Die Bibel ist ein Buch, das alle Erwartungen übertrifft. Sie hat die meisten Auflagen und ist das meist gelesene Buch der Welt! Die Bibel ist ein Buch mit einem roten Faden, der Gottes große Liebe aufzeigt – trotz 40 verschiedener Autoren und 66 Büchern. Sie ist ein Buch, das Menschen verändert, denn sie ist Gottes Wort. Diese verändernde Kraft hat Power! Sie kann in uns wirken und uns zu Menschen nach Gottes Herzen machen. Gottes Wort lässt uns Kraft tanken, Situationen neu sehen und mehr noch – Gott begegnet uns darin direkt. Was für ein Privileg, dass wir jeden Tag darin lesen können! Tauscht euch darüber aus, wie ihr Zeit mit der Bibel verbringt und was euch hilft, regelmäßig darin zu lesen. Gemeinsam kann man sich dazu immer wieder neu ermutigen.

Mitarbeiter-Challenge

Welche Geschichten aus eurem Leben könnt ihr den Kindern erzählen, in denen Gott durch die Bibel in euer Leben gesprochen hat? Fragt heute ein oder zwei Kinder, wie und wann sie Bibel lesen, dann erzählt ihnen von eurer Geschichte mit Gottes Wort.

BIBLISCHEN TEXT ERARBEITEN

Vorbereitungszeit: ca. 30 Minuten
Bete, dass Gott dir beim Bearbeiten des Bibeltextes zeigt, was für dich persönlich dran ist und was für die Kinder wichtig ist, damit sie geistlich wachsen können.
Du kannst den Text zuerst einmal durchlesen und ihn dann bearbeiten. Unterstreiche hierfür im untenstehenden Bibeltext Sätze und Wörter mit folgenden Farben:

- Das finde ich für mich persönlich und für die Kinder wichtig.
- Da steht etwas über Gott, Jesus oder den Heiligen Geist.
- Da steht etwas zum Thema der Lektion oder etwas, das dazu wichtig ist.
- Personen, über die ich nachher noch mehr Wissen sammeln werde.
- Orte, Zeiten oder andere wichtige Angaben, mit denen die Geschichte eingeordnet werden kann.

Nehemia 8,1-18: Nehemia und sein Volk freuen sich über Gottes Wort

1 (Es) versammelte sich das ganze Volk wie ein Mann auf dem Platz vor dem Wassertor, und sie sprachen zu Esra, dem Schriftgelehrten, er sollte das Buch des Gesetzes des Mose holen, das der HERR Israel geboten hat.
2 Und Esra, der Priester, brachte das Gesetz vor die Gemeinde, Männer und Frauen und alle, die es verstehen konnten, am ersten Tage des siebenten Monats
3 und las daraus auf dem Platz vor dem Wassertor vom lichten Morgen an bis zum Mittag vor Männern und Frauen und wer's verstehen konnte. Und die Ohren des ganzen Volks waren dem Gesetzbuch zugekehrt.
4 Und Esra, der Schriftgelehrte, stand auf einer hölzernen Kanzel, die sie dafür gemacht hatten, und neben ihm standen Mattitja, Schema, Anaja, Uria, Hilkija und Maaseja zu seiner Rechten, aber zu seiner Linken Pedaja, Mischaël, Malkija, Haschum, Haschbaddana, Secharja und Meschullam.
5 Und Esra tat das Buch auf vor aller Augen, denn er überragte alles Volk; und da er's auftat, stand alles Volk auf.
6 Und Esra lobte den HERRN, den großen Gott. Und alles Volk antwortete mit erhobenen Händen „Amen! Amen!", und sie neigten sich und beteten den HERRN an mit dem Antlitz zur Erde.
7 Und die Leviten Jeschua, Bani, Scherebja, Jamin, Akkub, Schabbetai, Hodija, Maaseja, Kelita, Asarja, Josabad, Hanan, Pelaja unterwiesen das Volk im Gesetz; und das Volk stand auf seinem Platz.
8 Und sie lasen aus dem Buch, dem Gesetz Gottes, Abschnitt für Abschnitt und erklärten es, sodass man verstand, was gelesen wurde.
9 Und Nehemia, der Tirschata, und Esra, der Priester und Schriftgelehrte, und die Leviten, die das Volk unterwiesen, sprachen zu allem Volk: Dieser Tag ist heilig dem HERRN, eurem Gott; darum seid nicht traurig und weint nicht! Denn alles Volk weinte, als sie die Worte des Gesetzes hörten.
10 Und Esra sprach zu ihnen: Geht hin und esst fette Speisen und trinkt süße Getränke und sendet davon auch denen, die nichts für sich bereitet haben; denn dieser Tag ist heilig unserm Herrn. Und seid nicht bekümmert; denn die Freude am Herrn ist eure Stärke.
11 Und die Leviten hießen alles Volk schweigen und sprachen: Seid still, denn der Tag ist heilig; seid nicht bekümmert!
12 Und alles Volk ging hin, um zu essen, zu trinken und davon auszuteilen und ein großes Freudenfest zu feiern; denn sie hatten die Worte verstanden, die man ihnen kundgetan hatte.
Die Feier des Laubhüttenfestes
13 Und am zweiten Tage versammelten sich die Häupter der Sippen des ganzen Volks und die Priester und Leviten bei Esra, dem Schriftgelehrten, dass er sie in den Worten des Gesetzes unterrichtete.
14 Und sie fanden geschrieben im Gesetz, das der HERR durch Mose geboten hatte, dass die Israeliten am Fest im siebenten Monat in Laubhütten wohnen sollten
15 und dass sie es laut ausrufen und kundtun sollten in allen ihren Städten und in Jerusalem und sagen: Geht hinaus auf die Berge und holt Ölzweige, Balsamzweige, Myrtenzweige, Palmenzweige und Zweige von Laubbäumen, dass man Laubhütten mache, wie es geschrieben steht.
16 Und das Volk ging hinaus, und sie holten sie und machten sich Laubhütten, ein jeder auf seinem Dach und in ihren Höfen und in den Vorhöfen am Hause Gottes und auf dem Platz am Wassertor und auf dem Platz am Tor Ephraim.
17 Und die ganze Gemeinde derer, die aus der Gefangenschaft wiedergekommen waren, machte Laubhütten und wohnte darin. Denn dies hatten die Israeliten seit der Zeit Josuas, des Sohnes Nuns, bis auf diesen Tag nicht mehr getan. Und es war eine sehr große Freude.
18 Und es wurde aus dem Buch des Gesetzes Gottes gelesen alle Tage, vom ersten Tag an bis zum letzten. Und sie hielten das Fest sieben Tage und am achten Tage die Versammlung, wie sich's gebührt.

ERKLÄRUNGEN ZUM TEXT

Kontext
Nehemia lebt im Ausland im persischen Reich, da sein Volk Israel zwei Generationen vor ihm im Krieg dorthin verschleppt worden war. Gott hatte das Volk nicht beschützt, da es nicht mehr auf ihn hörte. Nehemia ist am Königshof als Mundschenk angestellt, wo ihn sein Bruder besucht. Er hört von der Zerstörung Jerusalems und dass es in Trümmern liegt. Er bittet Gott um Vergebung für sein Volk, reist nach Jerusalem und baut mit dem Volk die Stadtmauer auf. Er erlebt, wie Gott ihnen hilft und Bewahrung schenkt. Die Mauer ist fertig und es folgt ein Fest.

Personen
Nehemia: Nehemias Vater heißt Hachalja, seine Mutter wird nicht erwähnt, dafür aber seine Geschwister. Seinen Bruder Hanani setzt Nehemia später in Jerusalem als oberste Befehlsgewalt ein. Nehemia selbst wird dort Statthalter.

Volk Israel: Gott hat sich das Volk auserwählt, um anderen zu zeigen, wer und wie er ist. Er liebt Israel und will immer bei ihm sein. Das Volk jedoch wendet sich von Gott ab und geht seine eigenen Wege. Es wird verschleppt und Gott greift nicht ein. Immer wieder kommen Menschen, die sich vor Gott für das Volk einsetzen, sodass er sich ihm wieder zuwendet. Hier zum Beispiel durch Nehemia und Esra.

Esra: Esra gehört zum Volk Israel, ist auch nicht in Jerusalem aufgewachsen. Er ist ein Schriftgelehrter und kommt von Babylon aus nach Jerusalem, um den Tempel aufzubauen, so wie Nehemia die Mauer. Er gehört als Nachkomme Aarons zu den Priestern.

Begriffe und weitere Erklärungen
Wassertor: Im Text werden einige Orte in Jerusalem genannt, an denen die Leute feiern. An den Stadttoren wurden wichtige Entscheidungen getroffen und große, wichtige Versammlungen abgehalten.

Schriftgelehrter: Es gab nur wenige Leute, die Lesen und Schreiben konnten. Die Schriftgelehrten waren ein Teil davon. Sie kannten sich in der Thora, den fünf Büchern Mose, und oft auch in weiteren alttestamentlichen Büchern aus.

Priester: Sie waren vor allem für die Dienste am Tempel zuständig. Sie brachten Gott Opfer, entschieden, wann und ob etwas rein oder unrein ist, und lehrten aus der Thora und weiteren Büchern des Alten Testaments. Priester wurde man meistens durch seine Vorfahren.

Gesetzbuch: Hierbei handelt es sich um die fünf Bücher Mose (Thora), die das Volk hörte. Sie waren so wichtig, dass niemand auch nur ein Strich ändern durfte, und wurden meist auswendig gelernt. Dementsprechend wurden sie durch absolut genaues Weitererzählen weitergegeben.

Statthalter: Sie herrschen über ein Gebiet, wie Nehemia nun über Jerusalem. Alle wichtigen Entscheidungen, sogar die des Militärs, entschieden sie mit.

Heiliger Tag: Dieser Tag ist ganz für Gott gedacht. Die Leute sollen an ihn denken, ihn loben und mit ihm Zeit verbringen. Die Menschen weinen, weil sie anhand der vorgelesenen Worte Gottes erkennen, dass sie sich von Gott abgewandt haben und in Schuld vor ihm stehen. Nehemia fordert sie auf, fröhlich zu sein. Sie sollen sich wieder mit Gott versöhnen und sich an ihm freuen, denn er hat ihnen geholfen und ihnen vergeben.

Leviten: Als dem Volk Israel das Land zugeteilt wurde, in dem sie in Zukunft leben sollten, bekam ein Teil des Volkes kein Land. Das waren die Nachkommen von Levi. Gott stellte sie frei für den Dienst im Tempel. Sie sollten den Menschen von Gott erzählen, alles, was mit Gott und dem Tempel zu tun hat, verwalten und die Priester unterstützen. Da sie kein Land besaßen, versorgten die anderen Israeliten sie.

Laubhüttenfest: Es fand im Herbst statt und ist bis heute noch eine Art Erntedankfest. Die Menschen kamen nach Jerusalem und bauten sich Hütten aus Laub und Zweigen. Zum einen erinnerte es an die Reise der Israeliten durch die Wüste und Gottes Hilfe. Zum anderen nutzten die Israeliten Laubhütten während der Erntezeit in den Weinbergen.

MINDMAP

START

Zielgedanke: Mit Gott Zeit verbringen, wie Nehemia und Esra

Was genau nehmen die Kinder zu diesem Thema mit in die nächste Woche und ihr Leben?

Dazu helfen zwei Anfänge:
» Die Kinder verstehen und erleben, dass …
» Die Kinder wollen das in der nächsten Zeit tun: …

1 Biblischen Text erarbeiten

Du hast auf den beiden vorherigen Seiten die biblische Geschichte vorbereitet. Diese stellt die Grundlage für die weitere Ausarbeitung dar, falls du sie also noch nicht bearbeitet hast, fange am besten jetzt damit an!

2 Lebenswelt der Kinder aus deiner Kindergruppe

Haben die Kinder eine Bibel?
Was finden sie an der Bibel spannend, was langweilig?
Wie kann Bibellesen für die Kinder spannend werden?

Idee: Du kannst den Kindern helfen, in der Bibel zu lesen, indem …

» du bei deinen Andachten Verse aus deiner Bibel vorliest und ihnen damit Vorfreude auf mehr Geschichten machst.
» du ihnen einen Zettel mit der Bibelstelle der Geschichte mit nach Hause gibst, sodass sie selbst die Geschichte daheim lesen oder sogar noch weiterlesen können.
» du ihnen in Absprache mit den anderen Mitarbeitenden hilfst, an Hefte heranzukommen, die täglich in der Bibel Abschnitte erklären und Tipps zum Lesen geben (z. B. Guter Start. Bibellesen für Kinder ab 10 Jahren!, Bibellesebund e. V., Gummersbach).

Tipp: Du kannst zusammen mit deinem Mitarbeiterteam den Kindern zum Beispiel durch Bibelpatenschaften in der Gemeinde Bibeln besorgen. Das bedeutet, eine Person aus der Gemeinde spendet eine Bibel für ein Kind, das keine hat. Die Paten/Patinnen können dann für „ihre Bibelpatenkinder" beten.

3 Verkündigung als Mitmachgeschichte

Die Geschichte hast du bereits auf den vorherigen Seiten vorbereitet. Wie du sie erzählen kannst, findest du auf der nächsten Doppelseite. Hier sind einige Aktionen für den Einstieg, mit denen du die Kinder spielerisch in das Thema der Geschichte hineinnehmen kannst. Such dir eine Aktion aus, die den Kindern Lust macht, noch mehr darüber zu erfahren und es auszuprobieren!

Aktion: Spontantheater

Dieser Baustein eignet sich eher für ältere oder theaterbegeisterte Kinder.

Es werden drei freiwillige Kinder gesucht, die anfangen, eine Situation zu spielen: Eines spielt eine Reinigungskraft auf einem WC, die anderen beiden sind WC-Besuchende und müssen auf die Toilette. Die drei fangen einfach an zu spielen. Wenn ein zuschauendes Kind die Situation lustig findet, kann es „Einfrieren" rufen. Dann dürfen die Schauspieler/Schauspielerinnen sich nicht mehr bewegen und das Kind schnappt sich einen Gegenstand, klatscht einen Schauspieler / eine Schauspielerin ab, für den/die es nun einspringt, und fängt eine vollkommen andere Situation an zu spielen. Zum Beispiel nimmt es einen Hut und spielt Bettler. Die anderen beiden müssen nun spontan mitmachen. Das Ganze kann man drei bis acht Runden durchführen.

Material: verschiedene Verkleidungen, unterschiedliche Gegenstände (z. B. Klobürste, Topf, Fußball, Blume, Glas, Geldbeutel)

Aktion: Pantomime

Ein oder zwei Kinder bekommen spannende Aktionen aus Geschichten zugeflüstert (z. B. Einbruch, Diebstahl, Mord, Flucht, Jagd). Diese spielen sie pantomimisch vor, die anderen Kinder müssen erraten, was sie vorspielen.

Material: verschiedene Begriffe

ABSCHLUSS

Jedes Kind darf sagen, was ihm heute gut gefallen hat und warum Bibellesen für es genauso spannend sein kann wie für Nehemia und Esra. Ein Mitarbeiter / eine Mitarbeiterin oder ein paar Kinder beten zum Abschluss.
Mit einem Segenssprechgesang könnt ihr dann auseinandergehen. Zum Beispiel:
Die Mitarbeitenden schreien vor: „Mit Jesus Christus mutig" und die Kinder antworten dann laut schreiend: „voran!", die Mitarbeitenden noch mal: „mutig" und die Kinder: „voran!"

6 Vollgas mit Jesus!-Challenge

Nehemia ist ein richtig spannendes Buch. In der Verkündigung wurde nur ein Teil der Geschichte erzählt. Der Aufbau der Mauer, Angriffe von Feinden und wie Nehemia das Ganze zusammen mit Gott geschafft hat, fehlen. Daher gibt es eine Lese-Challenge!
Zusätzlich kannst du mit den Kindern den Vers „Dein Wort ist eine Leuchte für meinen Fuß und ein helles Licht auf meinem Lebensweg" (Ps 119,105) gemeinsam einüben. Daheim können sie dann ihre Eltern weiter um Hilfe bitten!
Die Challenge-Karten (L2_Challenge-Karten) mit dem Familienimpuls können den Kindern in diesem Teil mit nach Hause gegeben werden. Die Vorlage (siehe S. 38) gibt es zum Download ⬇.

5 Bausteine
Siehe ab Seite 36

4 Entdeckerzeit

1. Entdeckeraktion (5 Minuten): Wahr oder Falsch

Je zwei Kinder bilden ein Team mit je einem Luftballon. Alle Paare stehen in der Mitte des Raumes und nehmen den Ballon zwischen ihre Bäuche. Dieser darf mit den Händen nicht mehr berührt werden. Eine Raumseite wird als „Wahr"-Seite und die gegenüberliegende als „Falsch"-Seite definiert. Der/die Mitarbeitende sagt einen Satz zur Geschichte (z. B. „Nehemia hat die Mauer nicht aufgebaut."). Die Paare müssen nun schnell zur richtigen Seite laufen, je nachdem ob der Satz wahr oder falsch ist. Stehen sie auf der richtigen Seite und haben den Luftballon nicht verloren, bekommen sie 1 Punkt. Das Paar mit den meisten Punkten gewinnt. Falsche Sätze dürfen die Kinder dann korrigieren, bekommen dafür aber keine Punkte mehr.

Material: Luftballons

3. Entdeckergebet (5 Minuten): Gebetsgirlande

In einer Ecke des Raumes wird eine Wäscheleine gespannt. Jedes Kind bekommt einen Zettel und einen Stift. Darauf darf jeder/jede ein persönliches Gebetsanliegen schreiben oder malen. Als nächsten Schritt werden die Anliegen ausgetauscht (wenn sie nicht zu persönlich sind) und füreinander gebetet. Wichtig: Keiner/keine muss beten! Wenn für alle gebetet wurde, können die Gebetszettel mit je einer Wäscheklammer aufgehängt werden. Die Kinder können nun beobachten, wie Gott bis zum nächsten Mal antwortet, ob er etwas erhört oder ganz anders handelt, als man denkt.

Material: Wäscheleine, Wäscheklammern, Stifte, Notizzettel

2. Entdeckerrunde (15-20 Minuten): Bibelentdeckerkarten

Die Leute in der Geschichte freuen sich, weinen und erleben viel Persönliches beim Lesen der Bibel. Wie geht es euch damit? Lest ihr in der Bibel?
Gemeinsam mit den Kindern entdecken wir, wie man in der Bibel zu Hause lesen und spannende Sachen entdecken kann. Dazu nutzen wir Bibelentdeckerkarten, die später gemeinsam gebastelt werden können (siehe Sonderbaustein, S. 37).
Die Karten werden im Kreis mit Bonbons dazwischen ausgelegt. Die restlichen Bonbons legt der/die Mitarbeitende in einer Tüte neben sich. Reihum dürfen die Kinder würfeln. Wer ein Feld mit Bonbons erwürfelt, muss mit den zwei Kindern neben sich eine kleine Aufgabe erfüllen (z. B. zwei Kniebeugen, dreimal hüpfen). Ist die Aufgabe erfüllt, bekommen sie das Bonbon plus noch zwei weitere aus der Tüte eines/einer Mitarbeitenden, damit jedes eines hat. Wird ein Feld mit Karte erwürfelt, helfen alle mit. Jeder/jede darf etwas dazu sagen, sodass kurze Gespräche entstehen. Dadurch wird die Geschichte nochmals reflektiert und in das eigene Leben übertragen. Hier lernen die Kinder Fragen kennen, die sie zu Hause beim Bibellesen selbst nutzen können.
Ist ein Bonbon oder eine Karte aufgebraucht, werden sie vom Spielfeld genommen, bis das Feld leer ist. Dann ist das Spiel zu Ende.

Material: 1 Würfel, 1 Spielfigur, Bonbons, Bibelentdeckerkarten (L2_Bibelentdeckerkarten) ⬇ (siehe S. 40)

VERKÜNDIGUNG

Vorbereitungszeit der Verkündigung: ca. 15 Minuten
Die Geschichte wird mit Mitmachsteinen (Bauklötzen) oder bunten Stiften erzählt.
Stecke die Bauklötze in deine Hosentasche, sodass die Enden herausschauen, die Farbe erkennbar ist und sie griffbereit sind. Wenn du in der Geschichte einen Bauklotz hochhältst, machen die Kinder dazu die jeweilige Bewegung oder ein Geräusch. So spielen sie aktiv in der Geschichte als Geräuschkulisse mit. Übe vorher jeden Bauklotz mit ihnen ein.

Anleitung für die Einführung der Mitmachsteine: Zeige den Kindern einen Bauklotz, z. B. gelb, und erkläre ihnen, dass sie immer jubeln müssen, sobald du den Bauklotz aus der Hosentasche herausnimmst. Steckst du ihn wieder in die Hosentasche, sollen sie jedoch sofort leise weiterlauschen. Er ist praktisch wie ein Knopf im Tonstudio. Du kannst den Kindern jeden Stein nacheinander erklären, kurz alle Steine nochmals mit ihnen testen und dann mit der Geschichte anfangen.

Material: Bauklötze/Stifte in rot, grün, blau, gelb, Bibel, Erklärvideo (L2_Video) ⬇ zur kreativen Methode der Verkündigung

roter Bauklotz: Alle rufen: „Ich liebe Gottes Wort!"

grüner Bauklotz: Die Kinder stehen kurz auf.

blauer Bauklotz: Alle tun so, als ob sie weinen.
(Erkläre ihnen, dass sie trotzdem auf den Stein achten sollen und nicht die Augen schließen.)

gelber Bauklotz: Alle freuen sich und jubeln ganz laut.

In der Bibel stehen viele spannende Geschichten. Darin will Gott zu uns reden. Heute geht es um einen Mann, der ein richtig guter Freund von Gott ist. Er redet viel mit Gott und vertraut ihm. Nehemia weiß, das Gott ihm gibt, was er braucht. Er sagt: (rot) „Ich liebe Gottes Wort." Das ist ihm wichtig. Er lebt allerdings nicht in dem Land, aus dem seine Großeltern kommen.

Frage an die Kinder: Lebt jemand von euch in einem anderen Land als eure Großeltern oder Eltern?

Er lebt am Hof des Königs in Susa und fühlt sich dort schon wie zu Hause. Doch Gott schickt ihn nach Jerusalem, die Stadt seiner Großeltern, um sie wieder sicher zu machen. Die Stadtmauern sind zerstört und die Leute schutzlos. Man kann sie einfach angreifen. Sein Bruder und einige Verwandte leben dort und er ist traurig, dass es dort so schlimm ist. Er (blau) weint. Am liebsten würde er sofort hingehen und helfen. Der König bekommt das mit. Weil Nehemia ein guter Diener ist, schickt der König ihm sogar Baumaterial mit. Nehemia (grün) steht auf und geht los.

Bei Nacht schaut er sich alles an – die Stadtmauer ist echt ziemlich kaputt. Wieder redet er mit Gott. Er sucht sich Männer, die ihm helfen, und schon bald helfen alle: die Baumeister, die Hausfrauen, sogar die Musiker. Doch es bleibt schwierig: Feinde kommen und wollen die Stadtmauer wieder zerstören, die Leute streiten sich, es passiert sogar ein Mordanschlag. Nehemia redet immer wieder mit Gott. Sie sind ein Team. Und tatsächlich – die Mauer wird fertig. (gelb) Alle jubeln!

Nehemia versammelt alle zu einem großen Fest vor dem Eingang der Stadt. Esra, der ein Priester ist, bringt die Bibel mit, denn (rot) „Ich liebe Gottes Wort", das ist Nehemia und auch Esra richtig wichtig. Die beiden machen nun ein großes Fest für Gott, weil er ihnen geholfen hat. Beide wollen, dass alle in Jerusalem Gottes Wort wieder kennenlernen. Darin steht, wie Gott ist, dass er uns liebt und wie wir gut leben können. Das muss einfach jeder hören!

Nehemia und ein paar Leute bauen extra ein riesiges Holzgerüst, auf dem Esra steht, damit ihn alle gut hören und sehen können. Alle sollen sehen, dass die Bibel, das Wort Gottes, etwas ganz Besonderes ist. Dann steht Esra da oben. Alle sind so still, dass man es sogar hört, wenn sich jemand an der Nase kratzt! Und dann – dann schlägt Esra die Bibel auf. Vor lauter Liebe und Ehre zu Gott (grün) stehen alle Leute auf. Wow! Gott ist so groß und wunderbar, dass alle aufstehen.

Sie loben Gott, beten zu ihm und verneigen sich vor ihm, wie vor einem König. In der Bibel steht:
„Und sie lasen aus dem Buch, dem Gesetz Gottes, Abschnitt für Abschnitt und erklärten es, sodass man verstand, was gelesen wurde. Und Nehemia, der Tirschata, und Esra, der Priester und Schriftgelehrte, und die Leviten, die das Volk unterwiesen, sprachen zu allem Volk: Dieser Tag ist heilig dem HERRN, eurem Gott; darum seid nicht traurig und weint nicht! Denn alles Volk weinte, als sie die Worte des Gesetzes hörten" (Neh 8,8.9).

Denn stellt euch vor: Gerade als Esra die Gesetze vorliest, fangen die ganzen Leute an zu weinen (blau). Sie wollen mit Gott leben, aber sie haben es nicht geschafft. Immer wieder haben sie versagt, Gott vergessen, sogar Dinge getan, die Gott verboten hat. Sie weinen (blau), weil es ihnen leidtut. Nie wieder wollen sie das machen. Gott soll ihnen vergeben.

Da ruft Nehemia zu ihnen: „Ihr sollt nicht weinen, sondern euch mit Gott freuen!" Stimmt. Gott hat versprochen, dass er allen vergibt, die bekennen, was sie von Gott trennt. Yeah! Da freuen sich alle (gelb) und jubeln zu Gott. Alle sagen: (rot) „Ich liebe Gottes Wort!" Ja, sie wollen in seinem Wort lesen, mit ihm reden und leben. Wie das geht? Sie lesen noch mehr in der Bibel, denn da steht viel darüber drin. Es ist so spannend, dass sie mega viel zusammen lesen und schließlich sogar ein Fest darin entdecken, das sie zusammen feiern wollen: das Laubhüttenfest. Dazu bauen sich alle Laubhütten in ganz Jerusalem und wohnen sieben Tage lang darin. Jeden Tag lesen sie weiter in der Bibel. Zum Abschluss feiern sie zusammen einen Gottesdienst (gelb). Es ist echt toll, Gottes Wort immer mehr kennenzulernen. Alle Jerusalemer und auch Nehemia und Esra finden: (rot) „Ich liebe Gottes Wort!"

BEGRÜSSUNGSBAUSTEIN: LIEBLINGSGESCHICHTEN

Im Raum sind tolle spannende Comics, Bücher und Filme ausgelegt und Plakate von Filmen aufgehängt. Wenn die Kinder ankommen, liegt in der Mitte ein großes Plakat. Darauf kann jeder/jede, der/die hereinkommt, Geschichten, Bücher, Filme und biblische Geschichten aufschreiben, die er spannend findet. Zudem kann man bei bereits vorgegebenen Filmen, Büchern und Comics noch eine Wertung abgeben, z. B. indem man bei tollen Sachen Sternchen dazu malt oder einen Punkt dazu klebt. Mal sehen, was die Kinder am besten und spannendsten finden!
Material: DIN-A3-Plakat, Comics, Bücher, Filmplakate, Stifte, Klebepunkte
Spieleranzahl: ab 3

MUSIKBAUSTEIN

Singt doch ein bekanntes Lied zu Beginn, dann das Mottolied „Vollgas mit Jesus" und zum Schluss noch ein passendes zum Thema. Zum Beispiel:
- » **Begrüßungslied:** „Hier bist du richtig" – von Daniel Kallauch (eignet sich auch für Jungengruppen – der Rap lässt sich dabei einfacher mit CD einüben)
- » **Mottolied:** „Vollgas mit Jesus" – Noten (Noten_Mottolied) und eine Hörprobe (Hörprobe_Mottolied) gibt es zum Download ⬇, den Text findest du auf S. 15!
- » **Lied zum Thema:** „Ich bin ein Bibelentdecker" – von Daniel Kallauch

SPIELBAUSTEINE

Bibelball
Einfache Variante: Die Kinder spielen in zwei Gruppen. Wichtig ist, dass jedes Kind eine Bibel hat oder zumindest jede Gruppe ein oder zwei. Vorne werden fünf Stühle in einer Reihe aufgestellt. Auf den mittleren wird ein Ball gelegt. Jeder Gruppe wird ein Stuhlreihenende zugeteilt. Der/die Mitarbeitende sagt dann ein Bibelbuch an. Die Gruppe, die es zuerst aufgeschlagen hat oder in der ein Kind es zuerst gefunden hat, bekommt nun den Ball einen Stuhl weiter in seine Richtung geschoben. Das wiederholt sich, bis der Ball auf einer Seite sozusagen runterfällt. Gewonnen hat, wer den Ball auf seiner Seite ans Ende der Stühle bringt!
Schwere Variante: Anstatt der Bibelbücher müssen nun Bibelverse gefunden werden. Wer zuerst die ersten vier Worte des Verses vorlesen kann, bekommt den Ball einen Stuhl weiter in seine Richtung geschoben.
Material: Bibeln, 1 Ball
Spieleranzahl: ab 4

Bibelschmuggler
In manchen Ländern sind Bibeln verboten. Anders als bei Nehemia, müssen Leute in diesen Ländern Bibeln schmuggeln. Kinder und Mitarbeitende werden in zwei Gruppen eingeteilt. Jeweils einer/eine aus der Gruppe (Schmuggler) steht nun mit einem Buch an der einen Seite (Startseite), die anderen aus den Gruppen stehen alle auf der anderen Seite des Raumes (Zielseite). Nun müssen beide versuchen, ihr eigenes Buch auf die Zielseite zu bringen und gleichzeitig die anderen daran hindern, dasselbe zu tun. Auf Kommando geht es los. Es ist alles erlaubt, außer Hals und Kopf zu berühren, an Kleidern zu ziehen oder zu schlagen usw. Die Gruppe, deren Buch als erstes die Zielseite berührt, hat gewonnen. Das kann beliebig wiederholt werden.
Material: 2 alte, nicht mehr zu gebrauchende Bücher
Spieleranzahl: ab 10

Die Bibel – ein wichtiges Buch
Es werden Gruppen mit mindestens drei, maximal sechs Kindern gebildet. Jede Gruppe bekommt eine Bibel. Ziel ist es, die Bibel so hoch wie möglich zu bekommen, ohne sich selbst in Gefahr zu bringen oder einzubauen. Der/die Mitarbeitende bestimmt, welche Gegenstände dazu verwendet werden können bzw. was nicht erlaubt ist. Es können zum Beispiel Tische, Stühle, Gesangbücher usw. genutzt werden. Beide Gruppen haben 15 Minuten Zeit. Dann wird gemeinsam das Bauwerk gemessen. Alternativ können bei wenigen Kindern alle zusammen spielen.
Material: pro Gruppe 1 Bibel, Maßband
Spieleranzahl: ab 6

SONDERBAUSTEIN: MAUERBAUFEST

Dieses Fest wiederholt spielerisch die Verkündigung. Die Spiele kannst du als Stationen verteilt anbieten oder mit der Gruppe gemeinsam durchspielen.

1. Station: Mauerkuchen
Schneidet einen Marmorkuchen in Würfel und bastelt daraus eine Mauer, die ihr später (siehe Station 6) gemeinsam essen könnt. Die flüssige Schokolade ist der Mörtel. Verziert sie mit verschiedenen Zutaten. Wer nicht gern backt, kauft sich einen Kuchen. Hier können die Kinder als Stationslauf entweder je Gruppe einen kleinen Marmorkuchen bekommen oder jede Gruppe hilft eine Zeit lang mit.
Material: Marmorkuchen, Schokolade zum Schmelzen, Streusel, Schokolinsen, Puderzucker, Pinsel zum Schokolade auftragen, Schälchen für Schokolade und Streusel, Löffel

2. Station: Esra-Aufgabe
Die Bibel wurde auf einem Gerüst vorgelesen, damit alle Gottes Worte hören konnten. Die Kinder stellen sich als Pyramide auf und versuchen dabei, die Bibel so hoch wie möglich zu halten. Danach wird gemessen, welche Höhe erreicht wurde. Der Bibelturm wird fotografiert. Als Stationslauf kann hier die Zeit begrenzt werden.
Material: Bibel, Digitalkamera/Smartphone zum Fotografieren, Maßband, bei Bedarf Stoppuhr

3. Station: Zeitungstanzen
Die Einwohner jubelten Gott zu! Alle bekommen ein Zeitungsblatt, das sie im Raum auf den Boden legen. Wenn die Musik startet, tanzen alle durch den Raum, ohne ein Blatt zu berühren. Stoppt die Musik, sucht sich jeder/jede ein Blatt, auf das er/sie sich stellt. Dann folgt die nächste Runde. Währenddessen wird ein Blatt weggenommen. Wieder stoppt die Musik. Wer nun kein Blatt findet, stellt sich zu einem anderen Kind auf die Zeitung. Dies wird so lange fortgesetzt, bis alle auf einem Blatt stehen. Bei vielen Kindern endet das Spiel, wenn alle auf zwei Blättern stehen. Als Stationslauf kann man warten, bis etwa fünf Kinder an dieser Station ankommen.
Material: für jedes Kind 1 Blatt Zeitung, Kinderlobpreismusik zum Tanzen, Abspielgerät

4. Station: Laubhüttenfest
Die Menschen entdeckten damals das Laubhüttenfest wieder. Die Kinder basteln mit Zeitungspapier und bei Bedarf mit Stühlen eine Laubhütte aus Zeitungen. Bewertet wird nach Stabilität, Kreativität und Originalität.
Alternativ kann die Laubhütte auch draußen mit Naturmaterialen gebaut werden.
Als Stationslauf kann man warten, bis etwa drei Kinder an dieser Station ankommen und sie als Gruppe zusammen eine Hütte bauen lassen.
Material: Zeitungen, Stühle

5. Station: Müll beseitigen
Vor jedem Fest muss aufgeräumt werden, so auch die Zeitungen vom vorherigen Spiel. Wird dies als Stationslauf gespielt, sollte man extra Zeitungsblätter bereitlegen. Alle Blätter werden zu Bällen zusammengeknüllt. Der Raum wird durch ein Seil oder Kreppklebeband in zwei gleich große Hälften unterteilt. Die Mitarbeitenden der Station und die Kinder bilden gemeinsam zwei Gruppen. Jede erhält die Hälfte der Bälle und befindet sich in einer Hälfte des Raumes. Dann wird 2 Minuten lang Musik abgespielt. Währenddessen versuchen beide Gruppen, alle Bälle auf die gegnerische Seite zu werfen. Wer nach 2 Minuten weniger Bälle auf seiner Seite hat, gewinnt. Dieses Spiel kann im Stationslauf mit mindestens zwei Kindern gegen einen/eine der Mitarbeitenden gespielt werden, bei mehr Kindern werden je Durchgang zwei Gruppen gebildet.
Material: Zeitungen (siehe 4. Station), Musik, Abspielgerät, Seil/Kreppklebeband, Stoppuhr

6. Stationslauf Abschluss: Festessen mit allen gemeinsam
Die Stationen werden geschlossen. Die Kinder können den Raum dekorieren, den Mauerkuchen gemeinsam essen und zusammen feiern. Fast wie bei Nehemia!
Material: Mauerkuchen (siehe 1. Station), Getränke, Deko (z. B. Luftschlangen), Teller, Becher

SONDERBAUSTEIN: BIBELKARTENSPIEL BASTELN

Die Karten ausschneiden, wer möchte, kann sie laminieren. Nun die Schachtel ausschneiden und mit Kleber die Ecken zusammenkleben. Die Schachtel kann noch verziert und bemalt werden.
Material: Bibelentdeckerkarten (L2_Bibelentdeckerkarten) ⬇ (siehe S. 40), Scheren, Klebstoff, bei Bedarf Laminiergerät, Schachtelvorlage (L2_Schachtelvorlage) ⬇ (siehe S. 39), festes Papier für die Schablone, bunter Karton für die Schachtel, Stifte, Glitzersteine usw.

VORLAGEN ZUM DOWNLOAD

Vollgas mit Jesus!-Challenge-Karte (L2_Challenge-Karten)

Mit Gott Zeit verbringen
Kleiner Bibelleseplan
- ☐ Tag 1: Nehemia Kapitel 1
- ☐ Tag 2: Nehemia Kapitel 2
- ☐ Tag 3: Nehemia Kapitel 3,1-32
- ☐ Tag 4: Nehemia Kapitel 3,33-38
- ☐ Tag 5: Nehemia Kapitel 4
- ☐ Tag 6: Nehemia Kapitel 5
- ☐ Tag 7: Nehemia Kapitel 6

Findet ihr das heraus?
» Bei welchem König hat Nehemia vorher gearbeitet?
_____

» Wie heißen die Feinde von Nehemia?
_____

» Nenne mindestens drei Schwierigkeiten, mit denen Nehemia während des Mauerbaus zu kämpfen hat:
_____

_____

» Diesen Vers fand ich bei Nehemia am besten:
_____

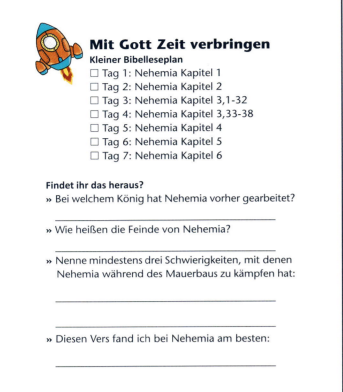 Idee für die ganze Familie
Nehemia ist ein richtig spannendes Buch. Ihr könnt es kapitelweise als Gutenachtgeschichte abends gemeinsam am Bett lesen und die Fragen dazu herausfinden. Vielleicht entdeckt ihr ja noch viel mehr in der Geschichte!

Weitere Idee: Diesen Vers könnt ihr zusammen auswendig lernen: „Dein Wort ist eine Leuchte für meinen Fuß und ein helles Licht auf meinem Lebensweg" (Ps 119,105 BasisBibel).

Zeit zum Reden?
Frage deine Eltern: Was ist für dich an der Bibel besonders?
Frage dein Kind / deine Kinder: Welche Geschichte aus der Bibel magst du am meisten?

Schachtelvorlage (L2_Schachtelvorlage)

Die Schachtel wird auf festem Papier ausgedruckt und ausgeschnitten, sodass man sie als Schablone verwenden kann. Die Striche, die mit Punkten markiert sind, müssen später eingeschnitten werden.

Bibelentdeckerkarten (L2_Bibelentdeckerkarten)

 Was ist der langweiligste/spannendste Moment in der Geschichte?

 Was erfahre ich in dem Text über Jesus, Gott oder den Heiligen Geist?

 Stell dir vor, du wärst in der Geschichte live dabei. Was würdest du dort tun?

 Mit welcher Person in der Geschichte würdest du gern tauschen und warum?

 An welchem Ort hat die Geschichte stattgefunden?

Was möchte Gott mir durch diese Geschichte sagen?

Was will ich mir von dieser Geschichte merken, weil es für mich wichtig ist?

Worüber staune oder ärgere ich mich bei der Geschichte?

Gibt es etwas, das ich in der Geschichte neu entdeckt habe?

Welche Person ist die coolste in der Geschichte und warum?

» LEKTION 3:
JESUS NACH!
FREUNDSCHAFT – MIT FREUNDEN UNTERWEGS SEIN, WIE PETRUS UND SEINE FREUNDE

CHECKLISTE: PROGRAMMABLAUF UND MATERIALLISTE

Diese Checkliste (L3_Checkliste) findest du zum Download auf der Website, sodass du sie ausdrucken und mit eigenen Notizen ergänzen kannst.

Programmablauf	Materialliste
Begrüßung und Abfragen der Vollgas mit Jesus!-Challenge (5-10 min) (siehe Begrüßungsbaustein oder alternativ die Spielbausteine)	**Begrüßungsbaustein: Freundschaft** ☐ Stifte ☐ Papier oder Bausteine
2-3 Lieder (7-15 min) (siehe Musikbaustein)	☐ Mottolied „Vollgas mit Jesus" (Noten_Mottolied) ☐ Noten und Texte für weitere Lieder ☐ Instrumente oder Musik und Abspielgerät für Playback
Verkündigung (ca. 15 min Durchführung)	**Geschichte mit Edding malend erzählen** ☐ 1 schwarzer Edding ☐ Buntstifte ☐ 3 Edding-Bildvorlagen (L3_Edding-Bildvorlagen) ☐ Bibel und die ausgearbeitete Verkündigung ☐ Erklärvideo (L3_Video) zur kreativen Methode der Verkündigung **Aktion: Freunde sind zusammen stärker** ☐ 2 dicke Bücher/Kataloge, die nicht mehr gebraucht werden **Aktion: Echte Freunde** ☐ 1 Plakat ☐ Stifte
Entdeckerzeit (25-30 min)	**Entdeckeraktion: Besonderer Eierlauf** ☐ 2 rohe Eier / 2 Tischtennisbälle ☐ Hindernisse für Parcours ☐ Stoppuhr ☐ 1 flache Platte (z. B. Schneidebrett)
	Entdeckerrunde: Freundebild ☐ Freundebild (L3_Freundebild) ☐ Stifte
	Entdeckergebet: Luftballongebet ☐ Eddings ☐ Luftballons
Actionzeit (restliche Zeit)	**Spiel- und Sonderbausteine** Deine Auswahl der Spiel- oder Sonderbausteine: ☐ Allein kommt man nicht weit ☐ Freunde fangen ☐ Kreis des Vertrauens ☐ „British Bulldog" oder auch „Freunde halten zusammen" ☐ Sonderbaustein: Fotostory zur biblischen Geschichte ☐ Sonderbaustein: Freundschaftsarmbänder basteln
Vollgas mit Jesus!-Challenge (3-5 min)	**Mit Freunden unterwegs** ☐ Vollgas mit Jesus!-Challenge-Karten (L3_Challenge-Karten)
Abschluss mit Gebet (2 min)	☐ Gebetsballons aus dem Entdeckergebet

MITARBEITERIMPULS

Dieser Impuls kann als Ermutigung zu Beginn, wenn du dich mit dem Mitarbeiterteam triffst, erzählt oder vorgelesen werden:

Freunde sind etwas absolut Wertvolles. Sie unterstützen sich gegenseitig und wollen das Beste im anderen hervorbringen. Sie helfen sich einander. Sie ermutigen sich, im Glauben dranzubleiben. Freunde können füreinander beten, sich gegenseitig zum Bibellesen motivieren und sich über ihren Glauben, Zweifel, Ängste, aber auch ihre Freude austauschen. Hast du so einen Freund oder eine Freundin? So jemand ist sehr wertvoll. Heute kannst du Kindern Mut machen, solche Freunde und Freundinnen zu finden, und von deinen Erfahrungen der Freundessuche oder auch den Erfahrungen in so einer Freundschaft berichten.

Mitarbeiter-Challenge

Suche dir zwei Kinder heraus, für deren Freundschaft du bis zum nächsten Mal beten willst. Frage sie, ob sie schon so einen engen Freund oder eine enge Freundin haben oder ob sie sich jemanden wünschen. Nächstes Mal kannst du dann nochmals nachfragen und diese beiden ermutigen, dranzubleiben.

BIBLISCHEN TEXT ERARBEITEN

Vorbereitungszeit: ca. 30 Minuten

Bete, dass Gott dir beim Bearbeiten des Bibeltextes zeigt, was für dich persönlich dran ist und was für die Kinder wichtig ist, damit sie geistlich wachsen können.

Du kannst den Text zuerst einmal durchlesen und ihn dann bearbeiten. Unterstreiche hierfür im untenstehenden Bibeltext Sätze und Wörter mit folgenden Farben:

- Das finde ich für mich persönlich und für die Kinder wichtig.
- Da steht etwas über Gott, Jesus oder den Heiligen Geist.
- Da steht etwas zum Thema der Lektion oder etwas, das dazu wichtig ist.
- Personen, über die ich nachher noch mehr Wissen sammeln werde.
- Orte, Zeiten oder andere wichtige Angaben, mit denen die Geschichte eingeordnet werden kann.

Lukas 10,1-2: Jesus sendet zweiundsiebzig Jünger aus

1 Danach bestimmte der Herr
weitere zweiundsiebzig von seinen Jüngern.
Er sandte sie vor sich her –
jeweils zu zweit –
in alle Städte und Ortschaften,
in die er selbst gehen wollte.
2 Er sagte zu ihnen:
„Hier ist eine große Ernte,
aber es gibt nur wenige Erntearbeiter.
Bittet also den Herrn dieser Ernte,
dass er Arbeiter auf sein Erntefeld schickt ..."

Apostelgeschichte 2,37-47, mit Schwerpunkt auf Vers 42: Leben der Apostel-Freunde

Die Wirkung der Predigt

37 Mit seinen Worten traf Petrus die Zuhörer mitten ins Herz.
Sie fragten ihn und die anderen Apostel:
»Ihr Brüder,
was sollen wir tun?«
38 Petrus antwortete ihnen:
„Ändert euer Leben!
Lasst euch alle taufen
auf den Namen von Jesus Christus.
Dann wird Gott euch eure Schuld vergeben
und euch den Heiligen Geist schenken.
39 Diese Zusage gilt für euch
und eure Kinder.
Und sie gilt für alle Menschen,
die jetzt noch fern sind.
Denn der Herr, unser Gott,
wird sie zum Glauben an Jesus hinzurufen."
40 Mit diesen und noch vielen weiteren Worten
beschwor Petrus die Leute
und ermahnte sie:
„Lasst euch retten!
Wendet euch ab von dieser Generation,
die durch und durch schuldbeladen ist!"
41 Viele nahmen die Botschaft an,
die Petrus verkündet hatte,
und ließen sich taufen.
Ungefähr 3000 Menschen
kamen an diesem Tag zur Gemeinde dazu.

Das Leben der Gemeinde

42 Die Menschen, die zum Glauben gekommen waren,
trafen sich regelmäßig.
Sie ließen sich von den Aposteln unterweisen,
pflegten ihre Gemeinschaft,
brachen das Brot
und beteten.
43 Die Menschen in Jerusalem wurden von Furcht ergriffen.
Denn durch die Apostel
geschahen viele Wunder und Zeichen.
44 Alle Glaubenden hielten zusammen
und verfügten gemeinsam über ihren Besitz.
45 Immer wieder verkauften sie Grundstücke
oder sonstiges Eigentum.
Sie verteilten den Erlös an alle Bedürftigen –
je nachdem,
wie viel jemand brauchte.
46 Tag für Tag versammelten sie sich als Gemeinschaft
im Tempel.
In den Häusern hielten sie die Feier des Brotbrechens
und teilten das Mahl voll Freude
und in aufrichtiger Herzlichkeit.
47 Sie lobten Gott
und waren beim ganzen Volk beliebt.
Der Herr ließ täglich
weitere Menschen zur Gemeinde hinzukommen,
die gerettet werden sollten.

ERKLÄRUNGEN ZUM TEXT

Kontext
Die Jünger sind gemeinsam unterwegs. Jesus selbst hat ihnen gesagt, dass sie allen Menschen von ihm erzählen sollen, sie zu seinen Nachfolgern machen. Anhand ihrer Liebe untereinander werden die Leute sie als Nachfolger Jesu erkennen. Jesus will also Freundschaften, Menschen, die sich ermutigen. Daher sendet er auch die Jünger zu zweit aus. Als er dann in den Himmel aufgefahren ist, gehen die Freunde im Wissen los, dass Jesus durch den Heiligen Geist bei ihnen ist, und erzählen den Menschen von Jesus und leben als Freunde mit ihm.

Personen
Petrus: Petrus geht mit Jesus überallhin. Er will mehr von ihm lernen und ihm nachfolgen, er gehört zu den Jüngern Jesu. Er ist ein sehr mutiger Mann und ein Abenteurer, der für und mit Jesus viel wagt. Petrus ist verheiratet und kommt aus Bethsaida am See Genezareth. Seine Heimatstadt hat er verlassen, um an vielen anderen Orten von Jesus zu erzählen. Er selbst hat erfahren, dass Jesus Gottes Sohn und sein bester Freund ist.

Jesus: Er ist Gottes Sohn und lebte auf der Erde, um uns Menschen zu offenbaren, wer und wie Gott ist. Er zeigte, wie wir mit Gott leben können. Er selbst war ständig in Gemeinschaft mit Gott, seinem Vater, und verbrachte viel Zeit im Gebet mit ihm. Sein Auftrag war es, die Menschen mit Gott zu versöhnen, damit sie nicht mehr von Gott getrennt sind. Er nahm das, was uns von Gott trennt, mit in den Tod, starb dafür am Kreuz. Drei Tage später stand er von den Toten auf! Er besiegte den Tod, sodass die Menschen, die ihm vertrauen und an ihn glauben, hier und bis in Ewigkeit als Freunde und Kinder Gottes mit ihm versöhnt leben können.

Apostel/Jünger: Sie wollen mehr von Jesus lernen und ihn und Gott immer besser verstehen. Sie folgen Jesus fast überallhin und erfahren so persönlich, wer er ist und wie er ihr Leben verändert. Sie sind so etwas wie Schüler – oder mehr noch Freunde von Jesus. Später schickt Jesus sie los, anderen von ihm, seinem Vater und was er für sie tun wird, zu erzählen. Als Jesus zu seinem Vater zurückgekehrt war, wurden diese die Apostel genannt: Menschen, die von Jesus beauftragt worden sind, anderen von ihm und seiner guten Nachricht weiterzusagen.

Begriffe und weitere Erklärungen
Generation, die durch und durch schuldbeladen ist: Dies ist ein Bild, mit dem Jesus Menschen beschreibt, die ohne ihn leben und ihr Leben damit sogar kaputt machen. Jesus ist der richtige Weg, nur mit ihm kann man so leben, wie Gott es sich für seine Kinder ausgedacht hat.

Schuld: Schuld (Sünde) ist etwas, das von Gott trennt. Von Grund auf sind Menschen hier auf der Erde Sünder, von Gott getrennt und können nicht vor ihm bestehen. Aber Gott will mit ihnen zusammen sein. Daher soll Petrus die gute Botschaft von Jesus, seinem Tod und der Auferstehung erzählen, denn dort hat Gott die Schuld, die Trennung besiegt, sodass nun wieder jeder/jede mit ihm leben kann, der/die das annimmt.

Gabe des Heiligen Geistes: Damit ist hier vor allem der Glaube gemeint. Jeder/jede einzelne kann sich persönlich für Jesus entscheiden, darum wirbt Gott um uns. Der Heilige Geist jedoch bewirkt den Glauben, das Vertrauen an Gott in uns. Zwei Dinge, die für uns manchmal schwer zusammenzubringen sind, die bei Gott aber irgendwie zusammengehören. Es ist unsere Entscheidung, die der Heilige Geist in uns bewirkt.

Unterweisung durch die Apostel: Die ersten Christen trafen sich und hörten die ganzen Erlebnisse der Apostel mit Jesus. Sie erzählten den Menschen alles, was sie von Jesus wussten. Vieles hatten sie sogar auswendig gelernt, weil es so wichtig war. Das lernten sie dann wiederum mit anderen gemeinsam weiter auswendig, sodass immer mehr Menschen von Jesus wussten und es weitererzählten.

Feier des Brotbrechens (Abendmahl): Das Abendmahl feiern Christen auch heute noch, um sich an Jesus zu erinnern und an das, was er für uns getan hat. Damals war dies ein Fest, an dem gegessen und gefeiert wurde. Manche erinnerten sich bewusst daran, was Jesus alles für sie durchlitten hatte, andere, was für eine Macht Gott zeigte, indem er Jesus auferweckte. Es erinnert daran, wie groß Gottes Liebe in Jesus ist.

Rettung: Jesus rettet uns vor einem Leben und einem Tod ohne Gott. Wer zu Gott gehört, hat das Leben! Aber das gibt es nur in Beziehung mit ihm. Daher ist der Glaube Rettung durch Jesus.

Furcht: Hiermit ist nicht Angst gemeint, es bedeutet eher eine Mischung aus Respekt, jemanden ehren und jemanden achten. Die Jerusalemer hatten vermutlich etwas Angst, weil sich in den Wundern ein allmächtiger Gott zeigt, der mehr kann, als wir verstehen können, aber auch Ehrfurcht, dass Gott so wunderbar handelt.

Taufen: Die Taufe ist das sichtbare Zeichen vor Gott und Menschen, dass man zu Jesus gehört. Die Schuld und alles, was uns von Gott trennt, ist nun abgewaschen. Man ist durch Jesus ein neuer Mensch, hat neues Leben.

MINDMAP

START

Zielgedanke: Mit Freunden unterwegs sein, wie Petrus und seine Freunde

Was genau nehmen die Kinder zu diesem Thema mit in die nächste Woche und ihr Leben?

Dazu helfen zwei Anfänge:
- » Die Kinder verstehen und erleben, dass ...
- » Die Kinder wollen das in der nächsten Zeit tun: ...

1 Biblischen Text erarbeiten

Du hast auf den beiden vorherigen Seiten die biblische Geschichte vorbereitet. Diese stellt die Grundlage für die weitere Ausarbeitung dar, falls du sie also noch nicht bearbeitet hast, fange am besten jetzt damit an!

2 Lebenswelt der Kinder aus deiner Kindergruppe

Was für Freunde/Freundinnen haben die Kinder?
Welche Freundschaften gibt es in der Kindergruppe?
Wie kann ich Kindern helfen, hier Freunde/Freundinnen zu finden?

Idee: Du kannst den Kindern helfen, Freundschaften untereinander und mit Jesus zu leben, indem ...

- » du für sie Spiele vorbereitest, bei denen sie zusammen Spaß haben können, etwas zusammen bauen oder herstellen. Das bindet Kinder zusammen und sie können sich dabei kennenlernen.
- » du sie selbst mitbestimmen lässt. Vielleicht können sie ab und zu ein Spiel vorschlagen und so sehen, was anderen Spaß macht und was nicht.
- » du sie fragst, wen aus der Gruppe sie cool finden und warum. Frag sie doch direkt, ob sie nicht Lust haben, auch mal so zusammen etwas zu machen. Vielleicht sogar füreinander oder zusammen zu beten?

3 Verkündigung mit Edding gemalt

Die Geschichte hast du bereits auf den vorherigen Seiten vorbereitet. Wie du sie erzählen kannst, findest du auf der nächsten Doppelseite. Hier sind einige Aktionen für den Einstieg, mit denen du die Kinder spielerisch in das Thema der Geschichte hineinnehmen kannst. Such dir eine Aktion aus, die den Kindern Lust macht, noch mehr darüber zu erfahren und es auszuprobieren!

Aktion: Freunde sind zusammen stärker

Legt man zwei Bücher/Kataloge Seite für Seite ineinander, sind sie durch bloßes Ziehen kaum auseinanderzubekommen. Umso mehr sich die Seiten überlappen, desto schwieriger wird es.
Dies kann man zusammen mit den Kindern ausprobieren. Dann wird den Kindern erklärt, dass es mit Freunden auch so ist. Umso mehr sie zusammenhalten, umso stärker werden sie. Vor allem, wenn beide von Jesus zusammengehalten werden. Wie bei Petrus und den anderen Jüngern.

Material: 2 dicke Bücher/Kataloge, die nicht mehr gebraucht werden

Aktion: Echte Freunde

Schreibt oder malt auf ein Plakat, was einen Freund / eine Freundin ausmacht, was für eine Freundschaft wichtig ist, was daran schön ist und wann Freundschaft „echt" ist.

Material: 1 Plakat, Stifte

ABSCHLUSS

Zum Abschluss können alle Gebetsballons aus dem Entdeckergebet noch einmal in die Mitte gelegt werden. Einer/eine der Mitarbeitenden kann dafür nochmals beten.
Zusammen können dann alle diese gemeinsame Zeit mit einer Verabschiedungsrakete beenden. Alle stehen im Kreis. Gemeinsam wird von zehn abwärts gezählt und währenddessen langsam in die Hocke gegangen. Nach der Eins springen alle auf und schreien laut: „Vollgas mit Jesus!"

Material: Gebetsballons aus dem Entdeckergebet

6 Vollgas mit Jesus!-Challenge

Wir können die Kinder ermutigen, dass sie über Freundschaft nachdenken und sie anstoßen, echte Freunde/Freundinnen zu suchen. Folgende Idee kann dabei helfen: Jedes Kind sucht sich ein anderes Kind, für das es betet. Entweder ist dieses Kind bereits sein Freund / seine Freundin oder es kann ein Freund / eine Freundin werden. Wenn ihr das in ein nächstes Treffen einbauen könnt, dann tauscht euch doch darüber aus, wie das für euch war. Das kann den Kindern helfen, sich dies fest vorzunehmen und ihr bekommt mit, wo ihr die Kinder noch mehr unterstützen könnt. Deswegen gibt es dieses Mal auf der Challenge-Karte einen Bibelvers, der dazu ermutigt, sich einen Freund / eine Freundin zu suchen, mit dem/der man beten und reden kann.

Die Challenge-Karten (L3_Challenge-Karten) mit dem Familienimpuls können den Kindern in diesem Teil mit nach Hause gegeben werden. Die Vorlage (siehe S. 52) gibt es zum Download ⬇.

4 Entdeckerzeit

5 Bausteine
Siehe ab Seite 50

1. Entdeckeraktion (10 Minuten): Besonderer Eierlauf

Es gibt einen Parcours-Wettlauf, bei dem immer zwei Kinder gegen zwei weitere antreten. Ziel ist es, das Ei / den Tischtennisball auf der Platte balancierend durch einen Parcours hindurch ins Ziel zu bringen. Die Kinder halten die Platte, auf der das Ei / der Tischtennisball liegt, jeweils an einem Ende fest. Das Ei / der Tischtennisball darf dabei weder berührt werden noch herunterfallen.
Wer das Spiel gern als Wettkampf veranstalten möchte, stoppt einfach die Zeit und das beste Team gewinnt. Die Teampartner müssen sich gut absprechen, aber dann schafft man auch so einen Parcours zusammen.

Material: 2 rohe Eier / 2 Tischtennisbälle, 1 flache Platte (z. B. Schneidebrett), Hindernisse für Parcours, Stoppuhr

2. Entdeckerrunde (10-15 Minuten): Freundebild

Das Freundebild (L3_Freundebild) wird in die Mitte des Raumes gelegt. Gemeinsam malen wir nun die „Best Friends" an und erweitern sie. Wie sieht denn so eine richtig coole Freundschaft zwischen Kindern, die zusammen an Jesus glauben, aus?
Wie war das bei den ersten Christen, die sich getroffen haben?
Schreibt und malt einfach alles, was euch dazu einfällt (z. B. zusammen essen, gemeinsam beten), gemeinsam auf das Bild und sprecht darüber.
Hier noch ein paar Anregungen für Fragen:
» Was war Petrus und seinen Freunden in der Geschichte wichtig?
» Wie haben sie zusammen Zeit verbracht?
» Wie haben sie sich geholfen, an Gott dranzubleiben?
» Habt ihr solche Freunde/Freundinnen?
» Wo kann man solche Freunde/Freundinnen kennenlernen?
» Was ist das Besondere daran, solche Freunde/Freundinnen zu haben?

Material: Freundebild (L3_Freundebild) ⬇ (siehe S. 53), Stifte

3. Entdeckergebet (5 Minuten): Luftballongebet

Jeder/jede in der Gruppe bekommt einen Luftballon und schreibt darauf ein Gebetsanliegen, das ihm/ihr wichtig ist. Dann stellen sich alle im Kreis auf und jeder/jede hält seinen/ihren Ballon. Auf Kommando werfen alle ihren Ballon in die Kreismitte und schnappen sich einen anderen Ballon. Dann zählt der/die Mitarbeitende bis drei und nun können alle z. B.
  » in der ersten Runde laut für das beten, was auf ihrem Ballon steht.
  » in der zweiten Runde flüsternd dafür beten.
  » in der dritten Runde auf Knien leise in Gedanken dafür beten.
  » usw.

Nach jeder Gebetsrunde werden die Ballons wieder in die Mitte geworfen und jeder/jede sucht sich einen neuen.

Material: Luftballons, Eddings

VERKÜNDIGUNG

Vorbereitungszeit der Verkündigung: ca. 15 Minuten
Die Geschichte wird mit Plakaten und einem Edding erzählt.
Hierfür die 3 Edding-Bildvorlagen (L3_Edding-Bildvorlagen) ausdrucken und den Edding bereitlegen.
Wer möchte, kann die Bilder noch mit bunten Stiften farbig gestalten.
Material: 1 schwarzer Edding, 3 Edding-Bildvorlagen (L3_Edding-Bildvorlagen), Buntstifte, Bibel, Erklärvideo (L3_Video) zur kreativen Methode der Verkündigung

Petrus und zweiundsiebzig Freunde von Jesus sind mit ihm unterwegs. Jesus erzählt ihnen Wichtiges: „Gott liebt euch! Jeden einzelnen von euch! Er ist immer bei euch. Um das zu zeigen, hat er mich zu euch geschickt! Aber mein Vater, Gott, und ich wünschen uns, dass noch viel mehr Menschen erfahren, dass Gott sie unendlich liebt. Ich bin jetzt noch bei euch, aber schon bald werde ich in den Himmel zu meinem Vater gehen. Geht ihr zu den Menschen und erzählt ihnen von meiner Liebe und lebt ihnen vor, wie es ist, mit mir zu leben!"

Edding-Bildvorlage 1 hinlegen, dann Männchen fertig malen.

Jesus fordert alle auf, den Menschen von ihm und Gott zu erzählen. Aber natürlich nicht allein. Er weiß, wie wichtig es ist, dass wir jemanden zum Reden haben, zum füreinander Beten und miteinander Bibellesen. Daher sagt er: „Geht zu zweit in alle Städte!" Und sie gehen in Zweierteams zusammen los. Jesus selbst ist in den Himmel zu seinem Vater zurück. Er weiß, dass seine Jünger alles Wichtige wissen und von ihm begeistert anderen weitererzählen.

Den Auftrag nun in der Sprechblase vervollständigen.

Petrus redet zu vielen Menschen. Habt ihr schon einmal vor vielen Menschen geredet? Das ist gar nicht so einfach. Das braucht viel Mut! Vor allem, wenn man von Gott redet. Es gibt immer wieder Menschen, die Petrus dafür auslachen oder ihn sogar vor Gericht bringen wollen. Wie gut, dass Jesus gesagt hat, wir sollen zu zweit losgehen. Da kann man sich ermutigen und füreinander beten.
Alle hören Petrus zu: „Gott hat euch lieb! G.H.E.L.!"
Darüber reden die Leute: „Wow, was der da erzählt ... ist das wirklich wahr?" „Der redet doch Blödsinn!" „Nein, ich finde das klasse!"

Edding-Bildvorlage 2 dazulegen und die erste Hälfte der Männchen, Petrus auf dem Hügel und seine Botschaft G.H.E.L. fertig malen.

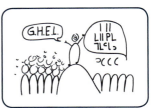

Stellt euch vor, da sind 3.000 Menschen, die an Gott und seinen Sohn Jesus glauben. Sie wollen zu ihm gehören. WOW! Gott ist doch toll! Die Leute lassen sich taufen. Sie wollen allen zeigen, dass sie nun auch mit Jesus leben.
Immer mehr Menschen erzählen von Jesus und lassen sich taufen und gehören zur großen Familie Gottes. Sie erzählen nicht nur von Jesus, sondern sie feiern miteinander, loben Gott und essen gemeinsam.
Sie sind wie eine Familie. Jesus sagt sogar, dass alle, die an ihn glauben, Brüder und Schwestern sind.
Sie ermutigen sich und bleiben ganz fest an Jesus dran.

Nun wird die rechte Hälfte vervollständigt. Dort sind 3.000 Leute, die mit „Ich liebe Jesus" antworten.

Kann jemand von euch aus der Bibel vorlesen, was sie miteinander erlebt haben, aus Apostelgeschichte 2, die Verse 42 und 46? **(Ein Kind kann aus der Bibel vorlesen.)**
„Die Menschen,
die zum Glauben gekommen waren,
trafen sich regelmäßig.
Sie ließen sich von den Aposteln
unterweisen,
pflegten ihre Gemeinschaft,
brachen das Brot
und beteten.
Tag für Tag versammelten sie sich
als Gemeinschaft im Tempel.
In den Häusern hielten sie die Feier
des Brotbrechens
und teilten das Mahl voll Freude
und in aufrichtiger Herzlichkeit."
Sie haben zusammen gebetet! Das tat richtig gut.
Gott ist bei uns und auch
wir können ihn bitten, anderen zu helfen, bei ihnen zu sein und ihnen Mut oder Gesundheit zu schenken.

Edding-Bildvorlage 3 dazulegen und passend zur Geschichte den Mund für das Thema Beten vervollständigen.

Die Menschen haben die Lehre der Apostel gehört, also Texte aus der Bibel. Die können uns richtig ermutigen! Zu zweit ist das auch richtig cool.

Nacheinander passend zum Thema Lehren und Bibellesen die Bibel fertig malen.

Sie haben zusammen Abendmahl gefeiert. Das machen die Freunde von Jesus, um sich an ihn zu erinnern und ihm für das zu danken, was er alles für sie getan hat.

Danach werden Wein und Brot vom Abendmahl fertig gemalt.

Sie haben miteinander gegessen und zusammen Zeit verbracht. WOW! So zusammen mit Jesus zu leben, ist richtig cool! Vielleicht habt ihr ja auch einen Freund oder eine Freundin, mit dem oder der ihr zusammen Bibellesen könnt, die für euch beten und für die ihr beten könnt. In der Entdeckerzeit könnt ihr euch erzählen, was euch an Jesus begeistert, wo ihr ihn erlebt oder er euch geholfen hat.

Zum Schluss kommen nun noch die Gesichter zweier Kinder symbolisch für die Gemeinschaft der Christen auf das Bild.

BEGRÜSSUNGSBAUSTEIN: FREUNDSCHAFT

Für die Kinder stehen Tische mit Malsachen bereit. Jeder/jede kann sich und seine Freunde/Freundinnen malen und was er/sie gern mit ihnen zusammen macht. Darüber kann man sich währenddessen austauschen und so ins Thema einsteigen.
Für Kinder, die lieber bauen, steht eine Kiste mit Bausteinen oder anderem Material zur Verfügung. Die ankommenden Kinder sollen sich nun ein anderes Kind suchen und gemeinsam etwas bauen (je nach Gruppengröße auch zu dritt). Bei kleineren Gruppen können alle zusammen bauen. Wichtig: Niemand baut allein!
Material: Stifte, Papier oder Bausteine
Spieleranzahl: ab 2

MUSIKBAUSTEIN

Singt doch ein bekanntes Lied zu Beginn, dann das Mottolied „Vollgas mit Jesus" und zum Schluss noch ein passendes zum Thema. Zum Beispiel:
> » **Begrüßungslied:** „Halli Hallo" – von Mike Müllerbauer
> » **Mottolied:** „Vollgas mit Jesus" – Noten (Noten_Mottolied) und eine Hörprobe (Hörprobe_Mottolied) gibt es zum Download ⬇, den Text findest du auf S. 15!
> » **Lied zum Thema:** „Komm wir wollen Freunde sein" – von Daniel Kallauch

SPIELBAUSTEINE

Allein kommt man nicht weit
Das Seil wird an den Enden zusammengeknotet. Im ersten Schritt überlegen alle, ob und wie einer/eine allein durch das Seil, das nun am Boden liegt, hindurchkommt. Es darf dabei nicht berührt werden, auch nicht mit Hilfsgegenständen.
Dies wird allein nicht gelingen. Nun hält die Gruppe gemeinsam das Seil fest. Einer/eine aus der Gruppe versucht, ohne das Seil zu berühren, hindurchzukommen. Wie viele Kinder schaffen es?
Material: 1 Seil mit ca. 2 m Länge
Spieleranzahl: ab 3

Freunde fangen
Ein Kind wird als Fänger bestimmt. Alle anderen haben nun 5 Sekunden Zeit, um wegzurennen. Dann rennt der Fänger los und versucht, so viele wie möglich zu fangen. Wird jemand gefangen, muss er/sie in die Hocke gehen und einen Arm hochhalten. Die anderen können das gefangene Kind nun befreien, indem sie bei ihm/ihr in die hochgehaltene Hand einschlagen. Nach einer Weile wird der Fänger getauscht.
Material: keines
Spieleranzahl: ab 4

Kreis des Vertrauens
Alle stehen im Kreis Schulter an Schulter. Bei kleineren Gruppen kann ein kleiner Abstand zwischen den Kindern sein. Der/die Mitarbeitende gibt den Kindern ein Seil der Reihe nach in die Hand, sodass sich alle daran festhalten und es einen Kreis ergibt. Achte darauf, dass das Seil richtig gespannt ist. Die Knöchel der Hände aller Teilnehmenden zeigen nach oben. Das Seil wird mindestens zweimal im Kreis herumgeführt, sodass jedes Kind zwei Seile in den Händen hält. Die Enden werden gut miteinander verknotet. Alle stellen ihre Füße zusammen, sozusagen unter das Seil. Auf Kommando lehnen sich alle gleichzeitig langsam nach hinten. Hierbei bleiben die Füße fest auf dem Boden und die Arme werden nach vorne ausgestreckt, sodass das Seil gespannt wird. Ebenso gehen alle gleichzeitig auf Kommando wieder nach vorne (sonst fallen alle um). Achtet auf genügend Platz und keine gefährlichen Kanten in unmittelbarer Nähe. Dasselbe kann man mit geschlossenen Augen durchführen.
Material: 1 Seil (am besten ein Kletterseil)
Spieleranzahl: ab 4

„British Bulldog" oder auch „Freunde halten zusammen"

Ein Kind stellt sich als Fänger an ein Ende des Spielfeldes (mind. 7 m lang), alle anderen an das andere Ende. Auf Kommando versuchen alle Kinder auf die gegenüberliegende Seite zu kommen. Der Fänger versucht dabei, ein anderes Kind zu fangen, es so hochzuheben, dass es den Boden nicht mehr berührt, und dabei „eins und zwei und drei" zu sagen. Schafft er dies, ist das gefangene Kind auf seiner Seite und wird in der nächsten Runde auch Fänger. Die anderen dürfen jedoch versuchen, so lange der Fänger das Kind hochhält, es noch zu befreien. Dazu dürfen sie machen, was sie wollen. Einzige Regeln: An Haaren, Kleidung usw. darf nicht gezogen werden, schlagen usw. ist verboten. Sobald es zwischendurch den Boden berührt, muss der Fänger neu anfangen zu zählen. Haben alle Spielenden das gegenüberliegende Ende erreicht, muss auch der Fänger mit seinen neuen Mit-Fängern auf seine Seite. Dann beginnt die nächste Runde, bis alle gefangen sind.

Material: keines
Spieleranzahl: ab 10

SONDERBAUSTEIN: FOTOSTORY ZUR BIBLISCHEN GESCHICHTE

Die Kinder werden in Gruppen von mindestens fünf Kindern eingeteilt. Bei kleinen Gruppen wird das Projekt gemeinsam durchgeführt. Jede Gruppe hat mindestens einen Mitarbeiter / eine Mitarbeiterin dabei.
Die Gruppe bekommt verschiedene Aufgaben (siehe Fotostory-Vorlage) zur Geschichte gestellt, mit deren Hilfe die Geschichte nachgespielt wird. Alternativ können die Kinder sich auch selbst Bilder und Texte dazu überlegen. Wer einen Fotodrucker hat, kann die Bilder gleich ausdrucken und gemeinsam mit der Gruppe ein Geschichtenplakat gestalten. Alternativ kann man die Fotostory mit den Kindern an einem Computer erstellen und den anderen Gruppen präsentieren. Wer möchte, kann die Fotos auch entwickeln lassen und das Plakat beim nächsten Treffen oder im Rahmen einer Freizeit gestalten.

Material: 1 Digitalkamera/Smartphone je Gruppe, Fotostory-Vorlage (L3_Fotostory-Vorlage) (siehe S. 54), verschiedene Dekomaterialien, Verkleidung, Papier, Stifte, Plakat, Fotodrucker, bei Bedarf Laptop und Beamer

SONDERBAUSTEIN: FREUNDSCHAFTSARMBÄNDER BASTELN

Die Wollfäden werden dreimal so lang abgemessen, wie der Umfang des Handgelenks ist, damit das Armband passt. Am besten flechtet man ein Armband mit den Kindern gemeinsam als Ansichtsexemplar. Alternativ können die Kinder die Bänder auch normal flechten oder als Kordel drehen.
Wenn immer zwei Kinder oder auch die ganze Gruppe dasselbe Armband basteln, kann es eine gemeinsame Erinnerung sein (z. B. für das gemeinsame Lesen in der Bibel oder miteinander und füreinander zu beten).

Material: bunte Wolle, Scheren

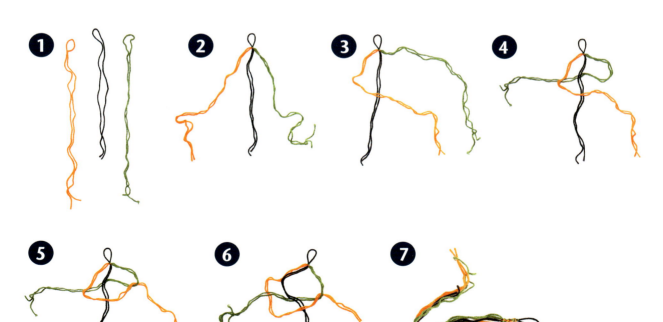

VORLAGEN ZUM DOWNLOAD

Vollgas mit Jesus!-Challenge-Karte (L3_Challenge-Karten)

 Mit Freunden unterwegs

Auf einen Freund kann man sich immer verlassen, und ein Bruder ist dazu da, dass man einen Helfer in der Not hat.
Sprüche 17,17 (Luther 2017)

Such dir einen Freund oder eine Freundin, für den/die du diese Woche beten möchtest.

 Idee für die ganze Familie
Freunde sind etwas Wichtiges im Leben. Jeder braucht sie! Wie wäre es, mit einer befreundeten Familie zusammen mal wieder einen coolen Spielenachmittag zu machen? Oder wandern zu gehen? Oder ...?
Man kann auch für Freunde und Freundinnen zusammen als Familie beten!

 Zeit zum Reden?
Frage deine Eltern: Wenn ihr mit Freunden und Freundinnen zusammen Zeit mit Jesus habt, wie macht ihr das?
Frage dein Kind / deine Kinder: Wer ist gerade deine beste Freundin / dein bester Freund? Warum?

Freundebild (L3_Freundebild)

Fotostory-Vorlage (L3_Fotostory-Vorlage)

Foto 1: Sucht einen Ort, an dem Jesus seine Jünger lehrt, und stellt die Szene dar.

[Dein Foto]

Untertitel des Bildes: Jesus verbringt viel Zeit mit seinen Freunden, den Jüngern, und erzählt ihnen viel über das Leben mit Gott.

Foto 2: Macht ein Bild, auf dem Jesus und seine Jünger zusammensitzen und zum Beispiel etwas essen.

[Dein Foto]

Sprechblase an einem Kind: „Jesus, es ist so cool, du erzählst so spannende Sachen!"

Foto 3: Macht dasselbe Bild nochmals, nur ohne Jesus. Dann sieht man, dass Jesus nun weg war!

[Dein Foto]

Sprechblase an einem anderen Kind: „Jesus hat gesagt, dass er immer noch da ist, auch wenn wir ihn nicht mehr sehen."
Sprechblase wieder an einem anderen Kind: „Ja, und lasst uns allen von ihm erzählen!"

Foto 4: Fotografiert ein Kind als Petrus an einem Ort mit möglichst vielen Menschen, so als ob er zu ihnen von Jesus reden würde.

[Dein Foto]

Sprechblase von Petrus: „Hey, hört her! Jesus ist der Beste! Er will euer Freund sein!"

Foto 5: Dann stellt Leute dar, die ihm begeistert, und andere, die ihm nicht so begeistert zuhören!

[Dein Foto]

Sprechblasen von nicht begeisterten Zuhörenden: „Na und, was geht das mich an! Hör auf zu erzählen!"
Sprechblasen von begeisterten Zuhörenden: „Ja, wir wollen auch mit ihm leben!"

Foto 6: Stellt dar, wie sich Leute taufen lassen und sich nun freuen, zu Jesus zu gehören!

[Dein Foto]

Untertitel des Bildes: Ganz viele Menschen wollen nun mit Jesus jeden Tag leben und lassen sich taufen, damit alle sehen: Sie gehören zu Jesus!

Foto 7: Sucht nun einen Ort oder dekoriert ihn entsprechend, in dem ihr darstellen könnt, dass die Menschen sich „zu Hause" getroffen und miteinander gefeiert haben!

Dein Foto

Sprechblase an einem Kind: „Lasst uns Jesus feiern!"
Sprechblase an einem anderen Kind: „Toll, dass so viele Leute da sind!"

Foto 8: Zeigt auf diesem Foto, wie alle in der Kirche oder einem kirchenähnlichen Gebäude zusammen Gott loben!

Dein Foto

Sprechblasen an den Kindern: „Gott, du bist echt genial! Du bist spitze!"

Foto 9: Fotografiert einen Ort, an dem man gemütlich miteinander in der Bibel lesen und beten kann.

Dein Foto

Untertitel des Bildes: Sie treffen sich ganz oft, und es kommen immer wieder neue Leute dazu."
Sprechblase an einem Kind: „Hey, habt ihr das schon einmal gelesen? Das ja echt spannend, da steht was von Petrus ..."

Foto 10: Macht zum Schluss ein richtig tolles Gruppenfoto, weil wir alle zu dieser Familie Gottes gehören!

Dein Foto

Sprechblase von allen: „Wir sind alle Gottes Familie und seine Freunde!"

55

» LEKTION 4:
JESUS NACH!
GEBET – GOTT HÖREN, WIE ELIA

CHECKLISTE: PROGRAMMABLAUF UND MATERIALLISTE

Diese Checkliste (L4_Checkliste) findest du zum Download auf der Website, sodass du sie ausdrucken und mit eigenen Notizen ergänzen kannst.

Programmablauf	Materialliste
Begrüßung und Abfragen der Vollgas mit Jesus!-Challenge (5-10 min) (siehe Begrüßungsbaustein oder alternativ die Spielbausteine)	**Begrüßungsbaustein: Geräuscheexperiment** ☐ Scheren ☐ Plastikbecher (z. B. Joghurtbecher) ☐ Luftballons ☐ Reis
2-3 Lieder (7-15 min) (siehe Musikbaustein)	☐ Mottolied „Vollgas mit Jesus" (Noten_Mottolied) ☐ Noten und Texte für weitere Lieder ☐ Instrumente oder Musik und Abspielgerät für Playback
Verkündigung (ca. 15 min Durchführung)	**Geschichte mit Sand und Wäscheklammerfiguren erzählen** ☐ 1 Tablett mit hohem Rand ☐ 5 Wäscheklammern ☐ 1 Eimer Sand ☐ Schere ☐ Streichhölzer ☐ 1 Stein ☐ Figurenvorlage zum Ausschneiden (L4_Figurenvorlage_Verkündigung) ☐ alte Mütze ☐ Bibel und die ausgearbeitete Verkündigung ☐ Erklärvideo (L4_Video) zur kreativen Methode der Verkündigung **Aktion: Geräusche erraten** ☐ Liste mit verschiedenen Geräuschen **Aktion: Richtungshören** ☐ Gummibärchen ☐ Augenbinde
Entdeckerzeit (25-30 min)	**Entdeckeraktion: Feuer, Sturm, Erdbeben, Säuseln** ☐ kein Material
	Entdeckerrunde: Storyboard ☐ ca. 30 Zettel ☐ Wäscheleine ☐ Stifte ☐ ca. 30 Wäsche- oder Büroklammern
	Entdeckergebet: Gebetsleine ☐ Material aus der Entdeckerrunde
Actionzeit (restliche Zeit)	**Spiel- und Sonderbausteine** Deine Auswahl der Spiel- oder Sonderbausteine: ☐ Hirte und Schafe – Gute Befehle helfen! ☐ Geräusche-Band-Projekt ☐ Real-Live-Memory ☐ Hirte und Schafe – Gutes Hören hilft! ☐ Sonderbaustein: Instrumente basteln und Bandauftritt ☐ Sonderbaustein: Regen- und Geräuschemacher basteln
Vollgas mit Jesus!-Challenge (3-5 min)	**Gott hören** ☐ Vollgas mit Jesus!-Challenge-Karten (L4_Challenge-Karten)
Abschluss mit Gebet (2 min)	☐ bei Bedarf Noten und Text von „Der Vater im Himmel segne dich" – von Mike Müllerbauer

MITARBEITERIMPULS

Dieser Impuls kann als Ermutigung zu Beginn, wenn du dich mit dem Mitarbeiterteam triffst, erzählt oder vorgelesen werden:

Wie redet Gott zu mir? Wie redet er zu dir? Gott kennt jeden und jede von uns persönlich und weiß, auf welche Art und Weise wir ihn hören. Das Herausfordernde ist, ihn hören zu wollen, und dafür mit offenen Augen, Ohren und Gedanken sich auf ihn einzulassen. Elia hat erfahren, dass Gott auf ganz unterschiedliche Art zu uns redet. Vielleicht hat Gott in Gedanken mit Elia gesprochen. Er könnte diese Stimme aber auch als eine laute, deutliche Stimme vom Himmel gehört haben. Ihm erschienen Engel und schließlich zeigte Gott sich ihm sogar in einem „Säuseln", einem ganz leichten Luftzug. Wie gern hätte ich genau das erlebt. Ganz so wird es wohl nicht sein. Aber das Geniale ist: Gott redet in meiner persönlichen Situation auf eine Art, die ich verstehe.
Wo hörst du Gott? Nimm dir Zeit dafür – im Gebet, beim Wiederholen eines Bibelverses oder wirklich ganz in der Stille beim Hören auf Gott.

Mitarbeiter-Challenge

Gehe heute ganz bewusst in diese Kindergruppe mit allen Spielen, Gesprächen und der Verkündigung. Achte darauf, ob Gott dir dazu oder auch dadurch etwas sagt. Tauscht euch nach der Gruppenstunde in eurer Feedbackrunde als Mitarbeiterteam über eure Erfahrungen aus.

BIBLISCHEN TEXT ERARBEITEN

Vorbereitungszeit: ca. 30 Minuten
Bete, dass Gott dir beim Bearbeiten des Bibeltextes zeigt, was für dich persönlich dran ist und was für die Kinder wichtig ist, damit sie geistlich wachsen können.
Du kannst den Text zuerst einmal durchlesen und ihn dann bearbeiten. Unterstreiche hierfür im untenstehenden Bibeltext Sätze und Wörter mit folgenden Farben:

- Das finde ich für mich persönlich und für die Kinder wichtig.
- Da steht etwas über Gott, Jesus oder den Heiligen Geist.
- Da steht etwas zum Thema der Lektion oder etwas, das dazu wichtig ist.
- Personen, über die ich nachher noch mehr Wissen sammeln werde.
- Orte, Zeiten oder andere wichtige Angaben, mit denen die Geschichte eingeordnet werden kann.

1. Könige 19,1-18: Elia am Horeb

1 Und Ahab sagte Isebel alles, was Elia getan hatte und wie er alle Propheten Baals mit dem Schwert umgebracht hatte.
2 Da sandte Isebel einen Boten zu Elia und ließ ihm sagen: Die Götter sollen mir dies und das tun, wenn ich nicht morgen um diese Zeit dir tue, wie du diesen getan hast!
3 Da fürchtete er sich, machte sich auf und lief um sein Leben und kam nach Beerscheba in Juda und ließ seinen Diener dort.
4 Er aber ging hin in die Wüste eine Tagereise weit und kam und setzte sich unter einen Ginster und wünschte sich zu sterben und sprach: Es ist genug, so nimm nun, HERR, meine Seele; ich bin nicht besser als meine Väter.
5 Und er legte sich hin und schlief unter dem Ginster. Und siehe, ein Engel rührte ihn an und sprach zu ihm: Steh auf und iss!
6 Und er sah sich um, und siehe, zu seinen Häupten lag ein geröstetes Brot und ein Krug mit Wasser. Und als er gegessen und getrunken hatte, legte er sich wieder schlafen.
7 Und der Engel des HERRN kam zum zweiten Mal wieder und rührte ihn an und sprach: Steh auf und iss! Denn du hast einen weiten Weg vor dir.
8 Und er stand auf und aß und trank und ging durch die Kraft der Speise vierzig Tage und vierzig Nächte bis zum Berg Gottes, dem Horeb.
9 Und er kam dort in eine Höhle und blieb dort über Nacht. Und siehe, das Wort des HERRN kam zu ihm: Was machst du hier, Elia?
10 Er sprach: Ich habe geeifert für den HERRN, den Gott Zebaoth; denn die Israeliten haben deinen Bund verlassen und deine Altäre zerbrochen und deine Propheten mit dem Schwert getötet und ich bin allein übrig geblieben, und sie trachten danach, dass sie mir mein Leben nehmen.
11 Der Herr sprach: Geh heraus und tritt hin auf den Berg vor den HERRN! Und siehe, der HERR ging vorüber. Und ein großer, starker Wind, der die Berge zerriss und die Felsen zerbrach, kam vor dem HERRN her; der HERR aber war nicht im Winde. Nach dem Wind aber kam ein Erdbeben; aber der HERR war nicht im Erdbeben.
12 Und nach dem Erdbeben kam ein Feuer; aber der HERR war nicht im Feuer. Und nach dem Feuer kam ein stilles, sanftes Sausen.
13 Als das Elia hörte, verhüllte er sein Antlitz mit seinem Mantel und ging hinaus und trat in den Eingang der Höhle. Und siehe, da kam eine Stimme zu ihm und sprach: Was hast du hier zu tun, Elia?
14 Er sprach: Ich habe für den HERRN, den Gott Zebaoth, geeifert; denn die Israeliten haben deinen Bund verlassen, deine Altäre zerbrochen, deine Propheten mit dem Schwert getötet und ich bin allein übrig geblieben, und sie trachten danach, dass sie mir das Leben nehmen.
15 Aber der HERR sprach zu ihm: Geh wieder deines Weges durch die Wüste nach Damaskus und geh hinein und salbe Hasaël zum König über Aram
16 und Jehu, den Sohn Nimschis, zum König über Israel und Elisa, den Sohn Schafats, von Abel-Mehola zum Propheten an deiner statt.
17 Und es soll geschehen: Wer dem Schwert Hasaëls entrinnt, den soll Jehu töten, und wer dem Schwert Jehus entrinnt, den soll Elisa töten.
18 Und ich will übrig lassen siebentausend in Israel, alle Knie, die sich nicht gebeugt haben vor Baal, und jeden Mund, der ihn nicht geküsst hat.

ERKLÄRUNGEN ZUM TEXT

Kontext

Elia und alle, die an den Gott Israels glauben, werden in Israel verfolgt. Zu dieser Zeit regiert König Ahab mit seiner Frau Isebel. Isebel führt einen Glauben an fremde Götter ein, der Gott Israels darf nicht mehr angebetet werden. Doch Gott wirkt durch Elia. Er und die Propheten Isebels bauen je einen Altar. Wessen Gott Feuer vom Himmel schickt, um den Altar anzuzünden, dessen Gott ist echt und soll angebetet werden. Die Baalspropheten sind machtlos, sie können kein Feuer herbeiführen. Dagegen lässt Gott Elia noch Wasser über seinen Altar kippen und schickt dann ein kräftiges Feuer aus dem Himmel. Gott ist Sieger, die Baalspropheten sind enttarnt. Sie werden alle getötet. Gott lässt nicht zu, dass jemand sein Volk von ihm weg ins Verderben führt. König Ahab berichtet dies seiner Frau Isebel, die Elia nun töten will, sodass dieser in die Wüste flieht.

Personen

Ahab und Isebel: Ahab regiert in Samarien, der Hauptstadt des Nordreichs Israel (871 bis 852 v. Chr.). Er heiratet die Königstochter eines Nachbarlandes, Isebel aus Sidon. Diese bringt Ahab dazu, einen Altar für ihre Götter zu bauen. Ahab selbst hört nie ganz auf, an Gott zu glauben, so gibt er seinen Kindern Namen, die auf Gott hinweisen. Isebel dagegen lässt alle Propheten des Gottes Israels töten.

Elia: Er ist ein Prophet Gottes. Gott redet durch die Propheten mit dem Volk, um ihm zu helfen, es zu ermahnen oder zu ermutigen. Bei Ahab hatten sich die Menschen von Gott abgewandt. Elia ruft die Menschen nun auf, zu Gott zurückzukehren, um Vergebung zu bitten und wieder mit Gott zu leben. Als Prophet bringt er die Anliegen, Bitten, Sorgen, Wünsche und Opfer vor Gott. Diese Opfer dienen dazu, Gott zu ehren, zu danken oder speziell um etwas zu bitten. Hierfür werden Altäre gebaut: Steine, die aufeinandergeschichtet werden, um darauf zum Beispiel Getreide oder Tierfleisch als Opfer für Gott zu verbrennen.

Engel: Engel sind übernatürliche Mitarbeiter Gottes, die auf gewöhnliche oder ungewöhnliche Art und Weise Menschen helfen. Manchmal treten sie in der Gestalt von normalen Menschen auf, manchmal als Wesen mit Flügeln und hellem Licht. Hier hilft Gott Elia durch einen solchen Engel.

Baalspropheten: Sie dienen Baal und bringen ihm Opfer. Sie sollen den Menschen helfen, Baal milde zu stimmen, damit er ihnen hilft, ihre Bitten und Wünsche erfüllt und die Zukunft voraussagt.

Begriffe und weitere Erklärungen

Berg Horeb (der Berg Gottes): Er wird so genannt, weil hier Mose und Elia ihre persönliche Begegnung mit Gott hatten und dort von ihm Hilfe und Anweisungen für das Volk Israel bekamen.

Der Bund Gottes mit seinem Volk: Gott schließt einen Bund, sozusagen einen Vertrag mit dem Volk Israel. Er will ihr einziger, sie liebender Gott sein, und sie sollen sein Volk sein. Der Bund beinhaltet, dass sich beide treu bleiben. Ist das Volk untreu, so will Gott sie unter den Völkern zerstreuen. Zur Zeit von Elia haben Ahab und das Volk den Bund gebrochen, da sie nicht allein Gott anbeten, sondern auch die Götter Isebels.

Einen König salben: Ein König bekam damals, indem er von einem Propheten gesalbt wurde, von Gott das Königreich zugesprochen und den Geist Gottes, der ihm half, das Land nach Gottes Willen und seiner Gerechtigkeit zu regieren. Damit stand er unter Gottes Schutz, niemand durfte ihn einfach antasten.

Gott zeigt sich: Gott redet und zeigt sich vielfältig. Hier schickt er einen Engel als Hilfe und zeigt Elia, dass er nicht nur im mächtigen Sturm, im Erdbeben oder im Feuer ist, sondern auch im leisen Säuseln. Er redet mit ihm direkt, hört ihm zu und gibt ihm einen neuen Auftrag. Im Alten Testament galt: Wer Gott sieht, muss sterben. Keiner kann ihm einfach so entgegentreten. Doch Gott fordert Elia genau dazu auf. Als Elia das Säuseln hört, kommt er heraus, zieht seinen Mantel vors Gesicht und unterhält sich mit Gott.

MINDMAP

START

Zielgedanke: Gott hören, wie Elia
Was genau nehmen die Kinder zu diesem Thema mit in die nächste Woche und ihr Leben?

Dazu helfen zwei Anfänge:
» Die Kinder verstehen und erleben, dass ...
» Die Kinder wollen das in der nächsten Zeit tun: ...

1 Biblischen Text erarbeiten
Du hast auf den beiden vorherigen Seiten die biblische Geschichte vorbereitet. Diese stellt die Grundlage für die weitere Ausarbeitung dar, falls du sie also noch nicht bearbeitet hast, fange am besten jetzt damit an!

2 Lebenswelt der Kinder aus deiner Kindergruppe
Wie können Kinder Gott hören?
Warum lohnt es sich für die Kinder, auf Gottes Stimme zu hören?
In welchen Situationen ist es für sie wichtig, dass sie Gott hören?
Wann haben sie Zeit, bewusst auf Gott zu hören?

Idee: Du kannst den Kindern helfen, Gott zu hören, indem ...

» du ihnen von deinen eigenen Erfahrungen und Erlebnissen erzählst.
» du sie immer mal wieder danach fragst, ob sie Gott in bestimmten Situationen gehört haben.
» du selbst mit ihnen zusammen betest und ihr gemeinsam erlebt, dass Gott euch hört und er euch Gedanken, Ideen, Situationen, Menschen usw. schenkt und so zu euch redet.

3 Verkündigung als Sandgeschichte
Die Geschichte hast du bereits auf den vorherigen Seiten vorbereitet. Wie du sie erzählen kannst, findest du auf der nächsten Doppelseite. Hier sind einige Aktionen für den Einstieg, mit denen du die Kinder spielerisch in das Thema der Geschichte hineinnehmen kannst. Such dir eine Aktion aus, die den Kindern Lust macht, noch mehr darüber zu erfahren und es auszuprobieren!

Aktion: Geräusche erraten
Der/die Mitarbeitende überlegt sich verschiedene Geräusche, welche die Kinder kennen und selbst irgendwie machen können (z. B. schmatzen, klatschen, stampfen, schlucken, husten, schnelles Auto, Feuerwehrsirene). Ein Kind wird ausgewählt und darf zu dem/der Mitarbeitenden kommen, der/die dem Kind ein Geräusch zuflüstert. Das Kind versucht, das Geräusch allen vorzumachen. Die anderen halten die Augen geschlossen und erraten, was es sein soll. Das Kind, welches es zuerst errät, kommt als nächstes an die Reihe.

Material: Liste mit verschiedenen Geräuschen

Aktion: Richtungshören
Ein Kind wird mit verbundenen Augen in die Mitte gesetzt. Um das Kind herum werden vier Gummibärchen verteilt. Es wird ein Kind bestimmt, das sich nun an eines der Gummibärchen heranschleicht und versucht, es zu erwischen. Das Kind in der Mitte muss, sobald es ein Geräusch hört, in diese Richtung zeigen. Zeigt es dabei direkt auf das heranschleichende Kind, bekommt es das Gummibärchen, hat gewonnen und wird vom nächsten Kind abgelöst. Erwischt das heranschleichende Kind das Gummibärchen, darf es das Gummibärchen essen und der nächste Bewacher sein. Für die nächste Runde werden die Bärchen wieder aufgefüllt.

Material: Gummibärchen, Augenbinde

ABSCHLUSS

Alle stehen im Kreis. Jedes Kind überlegt sich einen Satz zu dem, was ihm heute richtig gut gefallen hat und wofür es Gott danken möchte. Der/die Mitarbeitende zählt bis drei, dann schreien alle ihren Satz gleichzeitig heraus.
Zum Abschluss kann noch ein Segenslied gesungen werden (z. B. „Der Vater im Himmel segne dich" von Mike Müllerbauer).

6 Vollgas mit Jesus!-Challenge

Man kann es nicht erzwingen, Gott zu erleben und ihn zu hören. Daher gibt es dieses Mal eine Geräusche-Challenge, die auf das Thema „Hören" aufbaut. Der Familienimpuls ermöglicht es den Kindern, sich mit ihren Eltern darüber auszutauschen. Macht den Kindern Mut, ihre Eltern zu fragen, wie und zu welcher Angelegenheit sie Gott gern reden hören würden.
Die Challenge-Karten (L4_Challenge-Karten) mit dem Familienimpuls können den Kindern in diesem Teil mit nach Hause gegeben werden. Die Vorlage (siehe S. 67) gibt es zum Download ⬇.

5 Bausteine
Siehe ab Seite 64

4 Entdeckerzeit

1. Entdeckeraktion (5-10 Minuten): Feuer, Sturm, Erdbeben, Säuseln

Die Kinder laufen im Raum umher, niemand darf stillstehen. Der Spielleiter / die Spielleiterin ruft eine der zuvor ausgemachten Katastrophenwarnungen aus (z. B. „Feuer" oder „Sturm"). Die Kinder müssen entsprechend der Warnung reagieren. Wer dies als Letzter/Letzte schafft oder falsch reagiert, scheidet aus. Dann beginnt eine neue Runde und alle laufen wieder durch den Raum. Das kann fortgesetzt werden, bis nur noch wenige Spieler/Spielerinnen teilnehmen, die das Spiel dann gewonnen haben.
- » **Feuer:** Alle legen sich auf den Rücken und wedeln mit Armen und Beinen, das soll ein Feuer darstellen.
- » **Sturm:** Alle halten sich irgendwo fest, damit der Sturm sie nicht fortbläst.
- » **Erdbeben:** Alle legen sich auf den Bauch, um beim Erdbeben nicht umzufallen.
- » **Säuseln:** Die Kinder gehen in die Hocke und heben die Hände an die Ohren, um besser hören zu können.

Material: keines

3. Entdeckergebet (5 Minuten): Gebetsleine

Jeder/jede schreibt oder malt auf einen Zettel etwas, für das er/sie sich eine Antwort von Gott wünscht. Am besten etwas, das zeitlich nahe ist. Dann wird gemeinsam dafür gebetet. Danach können die Zettel ebenfalls an das Storyboard aus der Entdeckerrunde gehängt werden. Alternativ können auch alle Anliegen in einer Box gesammelt werden.

Material: Material aus der Entdeckerrunde

2. Entdeckerrunde (15-20 Minuten): Storyboard

Zusammen spielen wir Detektive. Der Auftrag: Anhand der gehörten Geschichte sollen die Kinder herausfinden, wie Gott zu uns Menschen und damit zu uns persönlich reden kann. Wie bei echten Detektiven gibt es dazu ein Storyboard, auf dem alles festgehalten wird. Dafür wird eine Wäscheleine durch den Raum gespannt. Dort werden mit den Klammern Gedankenstränge aufgehängt.
- » **Schritt eins:** Die Kinder überlegen sich Fragen, welche wichtig sind, um der Lösung näher zu kommen.
- » Helfende Fragen, falls den Kindern der Anfang schwerfällt, können sein: Wie hat Gott in der Geschichte geredet? Wie und was hat Elia gehört? Hat er Gott immer gleich erkannt? Habt ihr schon einmal Gott gehört? Wie? Wie kann Gott heute zu uns reden? (Ideen: durch die Bibel, Freunde/Freundinnen, Träume, Andachten, Stille, Gedanken, Gefühle, Lieder usw.)
- » Die Fragen werden nun auf den Zetteln gesammelt und an die Leine gehängt.
- » **Schritt zwei:** Anschließend werden zu den Fragen Antworten gesucht. Diese werden mit den weiteren Klammern unter die Fragen gehängt, sodass unter jeder Frage ein paar Antworten und Ideen hängen
- » **Schritt drei:** Ein paar Mitarbeitende können erzählen, wie und wo Gott schon zu ihnen geredet hat, und den Kindern damit Mut machen, dass sie es selbst erleben können.

Material: ca. 30 Zettel, Stifte, Wäscheleine, ca. 30 Wäsche- oder Büroklammern

VERKÜNDIGUNG

Vorbereitungszeit der Verkündigung: ca. 15 Minuten
Die Geschichte wird mit Sand und Wäscheklammerfiguren erzählt. Hierfür ein Tablett mit hohem Rahmen mit Sand füllen und in die Mitte der Kinder stellen. Zum Erzählen der Geschichte aus Sicht Elias wird eine alte Mütze aufgesetzt. Die Figuren (L4_Figurenvorlage_Verkündigung) ⬇ ausdrucken, ausschneiden, die Köpfe auf die Wäscheklammern klemmen und bereitlegen. Bei gutem Wetter kann die Geschichte auf einem Spielplatz bzw. in einem Sandkasten erzählt werden.

Material: 1 Tablett mit hohem Rand, 5 Wäscheklammern, 1 Eimer Sand, Schere, Streichhölzer, 1 Stein, Figurenvorlage für die Verkündigung zum Ausschneiden (L4_Figurenvorlage_Verkündigung) ⬇ (siehe S. 67), alte Mütze, Bibel, Erklärvideo (L4_Video) ⬇ zur kreativen Methode der Verkündigung

(Mache aus dem Sandhaufen zwei Hügel.)
Da wo ich herkomme, gab es gerade sehr lange keinen Regen mehr. Alles war sandig und trocken. Doch ich zeigte unserer Königin, dass mein Gott groß ist, und betete. Sie freute sich aber gar nicht, sondern war sauer. Sie schrie: „So, aha, du sagst, es gibt deinen Gott!? Nein! Es gibt nur die Steingötter von mir!" Da haben ihre Leute und ich je einen Altar gebaut. Die Wette galt. Der Altar, der allein von Gott angezündet wird, dessen Gott ist echt. Die Leute der Königin sind um ihren Altar getanzt – aber nichts passierte. Ich betete zu Gott: „Herr, du bist der echte lebendige Gott!" Wuuusch – da kam Feuer vom Himmel und der Altar brannte. Dann betete ich für Regen und Gott erhörte mich. **(Die Elia-Figur einstecken, daneben den König.)**

Der König hatte das alles mitbekommen und ging zur Königin. WOW, ich dachte – jetzt feiern wir für Gott ein riesiges Fest! Aber pah! Die Königin wollte mich umbringen! Ich hätte durchdrehen können! Was wollte sie denn noch bewiesen haben? Soll sie halt mal auf Gott hören! Ich hatte doch so viel gemacht und gebetet. Und jetzt? Ich bin enttäuscht und habe Angst! Die bringt mich schneller um, als ich weglaufen kann!

Schnell, ich muss weg. Mein Diener **(Diener neben Elia einstecken.)** kommt mit. **(Mit der Hand einen kurvigen Weg in den Sand malen und einen felsigen, sandigen Fluchtweg durch die Wüste beschreiben.)** … Ich kann nicht mehr. Mein Diener, du bleibst hier in Beerscheba. Ich gehe allein weiter **(den Diener umdrehen lassen)**. Ich mag einfach nicht mehr. Gott, wo bist du? Ich hab viel gemacht und von dir erzählt! Ich will nicht mehr! **(Elia immer langsamer vorwärts bewegen, dann den Ginsterstrauch hinstellen, den Diener wegnehmen und Elia unter den Strauch legen.)**

Ich will am liebsten sterben. **(Den Engel neben Elia stecken und dann erschreckt aufschreien.)** AHHHHH! Ein Gespenst! Ach so, ein Engel! Boaaah, der bringt mir Essen und Trinken! Richtig leckeres Brot und klares, frisches Wasser. Oh, schon wieder eingeschlafen. Ich träume von Essen … **(Wieder den Engel neben Elia stecken.)** AHHHHH! Ein Gespenst! Ach nee, stimmt ja, das ist ein Engel! Und wieder so leckeres Essen. Was? Er sagt, ich soll zum Horeb gehen, dem Berg, wo Gott zu Mose gesprochen hat? Vierzig Tage und Nächte lang? Bin ja mal gespannt, was mich dort erwartet! **(Ginsterbusch und Engel wegnehmen, einen Hügel an ein Ende des Tabletts schieben und Elia hinlaufen lassen. Stein auf den Hügel legen.)**

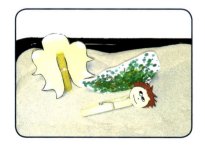

Endlich! Geschafft! Das war ein langer Weg! **(Gott spricht, Stimme verstellen.)** „Elia?" Wow, Gott bist du es? **(Gott)** „Elia, was tust du hier?" Naja, Gott, ich hab, ich meine, ich dachte ... **(Elia versteckt sich hinter dem Felsen.)** Also weißt du, eigentlich finde ich das echt unfair! Ich gebe alles, rede mit dir, zeig den anderen, dass du der Größte bist. Die anderen haben schlecht über dich geredet und sogar Leute, die an dich glauben, umgebracht! Und jetzt bin ich so allein. Ich könnte weinen! Ich hasse alles! **(Gott)** „Elia, komm aus der Höhle und stell dich auf diesen Berg hier vor mich hin, vor mich, deinen Herrn und Gott!" Was für ein Befehl! **(Elia neben den Felsen stellen.)**

Huu, da kommt ein riesiger Sandsturm! **(Sand auf Elia hinabrieseln lassen.)** Der kann Felsen zerschmettern! Oha! Gott ist so richtig stark und mächtig! Aber ich glaube, Gott war nicht in dem Wind.

Oh, da kommt ein Erdbeben! **(Tablett wackeln lassen oder im Sandkasten die Elia-Figur mit der Hand schütteln, als wenn ein Erdbeben da wäre.)** Halte sich fest, wer kaaaannn! Puh, vorbei. Ich denke, Gott war nicht im Erdbeben. Es ist nicht so einfach, Gott zu verstehen und zu hören.

Ich hätte ja gedacht, Gott ist im Erdbe... – Ahhhh, ein Feuer! Wie gut, es hat mich nicht getroffen! Irgendwie spüre ich, dass auch da Gott nicht drin war. Er ist keiner, der mich einfach verbrennen würde. Er liebt mich. Aber was ist das?

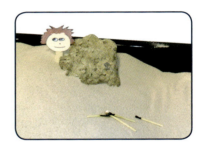

(Flüstern) Es wird ganz leise ... nur ein kleines leises Säuseln ist zu hören. **(Geräusch z. B. mit einem Regenmacher machen, siehe S. 66.)** Gott, das bist du? **(Gott)** „Ja, Elia, was willst du? Warum bist du hier?" Ich habe mich so für dich eingesetzt und dann ist einfach alles schiefgelaufen. Ich wusste nicht, ob ich dir vertrauen kann, aber eigentlich weiß ich das ja ... **(Gott)** „Elia, ich will dir einen neuen Job geben! Du bist ein toller Mensch. Lass dich nicht klein kriegen. Ich habe einen Auftrag für dich und ich gebe dir dafür die Kraft, die du brauchst. Du darfst einen neuen König salben!" Wow! Gott kennt mich und er sorgt für mich! Er hört mich und – Moment mal – das ist ja genial ... ich kann ihn auch hören! Das macht eine echt gute Freundschaft aus! Gott, du bist einfach klasse!

BEGRÜSSUNGSBAUSTEIN: GERÄUSCHEEXPERIMENT

Über einen Becher wird ein Luftballon gezogen, unten in den Becher wird ein kleines Loch gemacht, um hineinzusprechen. Auf den Becher werden dann ein paar Reiskörner gelegt. Der Becher wird ganz ruhig gehalten, und ein Kind spricht hinein. Die Schallwellen werden sichtbar: Die Reiskörner bewegen sich.
Material: Scheren, Luftballons, Reis, Plastikbecher (z. B. Joghurtbecher)
Spieleranzahl: ab 1

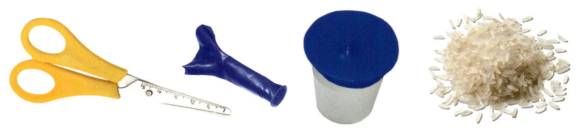

Alternativ kann auch die Fotostory aus Lektion 3 (siehe S. 51) fertig gebastelt werden.

MUSIKBAUSTEIN

Singt doch ein bekanntes Lied zu Beginn, dann das Mottolied „Vollgas mit Jesus" und zum Schluss noch ein passendes zum Thema. Zum Beispiel:
- » **Begrüßungslied:** „Halli Hallo" – von Mike Müllerbauer
- » **Mottolied:** „Vollgas mit Jesus" – Noten (Noten_Mottolied) und eine Hörprobe (Hörprobe_Mottolied) gibt es zum Download , den Text findest du auf S. 15!
- » **Lied zum Thema:** „Komm wir wollen Freunde sein" – von Daniel Kallauch

SPIELBAUSTEINE

Hirte und Schafe – Gute Befehle helfen!
Die Kinder werden in zwei Gruppen eingeteilt. Jede Gruppe wählt ein Kind als Schaf, dem die Augen verbunden werden. Die Schafe stehen auf der einen Seite des Raumes und das dazu gehörende Team (Hirten) auf der gegenüberliegenden Seite. Zwischen Hirten und Schafen wird ein Parcours aufgebaut (Tische, Stühle usw.). Einer/eine der Mitarbeitenden zeigt, wie das Schaf den Parcours durchlaufen muss, um zu gewinnen. Das Schaf darf nur über Zurufe seiner Hirten gelenkt werden. Die Gruppe, dessen Schaf zuerst den Parcours überwunden hat, bekommt 1 Punkt.
Material: 2 Tücher, Hindernisse für Parcours
Spieleranzahl: ab 4

Geräusche-Band-Projekt
Die Kinder werden in Gruppen eingeteilt. Jede Gruppe bekommt acht Flaschen und darf sich zusätzlich Gegenstände vor Ort suchen, die als Musikinstrumente dienen. Die Flaschen kann man zum Beispiel unterschiedlich mit Wasser füllen. Eine Jury aus Mitarbeitenden bewertet dann die Kreativität, Performance, Vielfalt von Instrumenten und den Zusammenhalt der Band. Alternativ können auch alle zusammen ein Lied einüben und es aufnehmen.
Material: 8 Flaschen je Gruppe, verschiedene Gegenstände, bei Bedarf Aufnahmegerät
Spieleranzahl: ab 4

Real-Live-Memory
Auf je zwei Zettel wird dasselbe Geräusch geschrieben oder ein Tier / eine Geräuschquelle gemalt (z. B. „Muh", „Mäh", „Piep" oder Auto, Tiger usw.). Immer zwei Kinder haben denselben Begriff. Die Zettel werden vor dem Verteilen gemischt. Jedes Kind schaut sich den Zettel an, danach verteilen sich alle im Raum. Auf Kommando machen nun alle das jeweilige Geräusch und müssen so ihren Partner / ihre Partnerin finden. Wer schafft es am schnellsten?
Material: Zettel, Stift
Spieleranzahl: ab 8

Hirte und Schafe – Gutes Hören hilft!

Für dieses Spiel braucht man einen größeren Raum oder man spielt es draußen. Stühle werden wie eine Schafstalltür aufgestellt. Ein Kind stellt sich dort hinein und darf als Hirte seinen Schafen Befehle geben. Dabei darf der Hirte nicht sprechen, sondern kann nur durch Geräusche (z. B. Klatschen, Stampfen) den anderen etwas sagen. Den anderen Kindern werden die Augen verbunden, sie sind die Schafe und stehen irgendwo vor dem Schafstall auf der Wiese. Der Hirte gibt nun Befehle, sodass die Schafe nach Hause finden. Die Befehle werden vorher abgesprochen. Wenn sich zwei Schafe treffen, müssen sich diese gemeinsam auf den Weg machen. Die Schafe dürfen sich selbst mit „Mäh" verständigen, alles andere ist verboten. Das Spiel endet, wenn alle im Gatter sind.
Lösungstipp für die Mitarbeitenden: Jedes Schaf kann eine eigene Nummer bekommen (z. B. Schaf 1 = einmal klatschen usw.), das Lenken funktioniert dann über Stampfen und Pfeifen.
Material: Tücher
Spieleranzahl: ab 2

SONDERBAUSTEIN: INSTRUMENTE BASTELN UND BANDAUFTRITT

Die Kindergruppe kann gemeinsam einen Auftritt mit eigenen Instrumenten im Gottesdienst, vor den Eltern oder zu einer Feier planen.

1. Instrumente herstellen

Aus verschiedenen Materialien können lustige Instrumente hergestellt werden. Die Kinder können sich auch eigene Instrumente überlegen und basteln.

Dosentrommel-Set

Verschiedene Blechdosen werden zusammengestellt. Aus einem Schaschlikspieß, auf den ein Korken gesteckt wird, entsteht der Trommelschläger. Die Instrumente können mit Farben bunt angemalt werden.
Material: Blechdosen, Schaschlikspieße, Korken, Farben, Pinsel

Glasspiel

Unterschiedliche Gläser werden ihrer Klanghöhe nach aufgestellt und können dann mit einem Löffel bespielt werden. Man kann auch Glasflaschen verwenden und diese mit jeweils anderen Wassermengen befüllen, um verschiedene Tonhöhen zu erhalten. Wenn das Wasser mit Wasserfarben bunt eingefärbt wird, sieht es dazu noch sehr schön aus.
Material: Gläser/Glasflaschen, Löffel, bei Bedarf Wasserfarbe

Haushaltsgummigitarre

Über einen festen Schuhkarton oder eine Plastikdose werden Haushaltgummis gespannt. Mit unterschiedlicher Spannung über der Öffnung entstehen verschiedene Töne. Ihr könnt versuchen, diese passend zu einem Lied zu stimmen.
Material: Schuhkarton/Plastikdose, Haushaltsgummis

Schelle

Mit acht Kronkorken, zehn Perlen und einem stärkeren Draht lässt sich eine Schelle basteln. In die Kronkorken werden mit einem Hammer und einem dicken Nagel auf einer guten Unterlage Löcher hineingehauen. Nacheinander immer zwei Kronkorken, je eine Perle und zum Schluss die restlichen Perlen als Griff auf den Draht fädeln.
Material: Kronkorken, Perlen, Draht, Hammer, dicker Nagel, Unterlage, Drahtzange

Trommelschlag

Mit einem Blechdeckel und einem Schläger aus einem Korken auf einem Schaschlikspieß kann man eine schöne Trommel erstellen und mit Farben verzieren.
Material: Blechdeckel, Schaschlikspieße, Korken, Farben, Pinsel

Rassel

In Filmdöschen oder Überraschungseierdosen werden ein paar Reiskörner gelegt und dann verschlossen. Die Rassel kann noch verziert werden.
Material: Filmdöschen/Überraschungseierdosen, Reis, Farben, Pinsel, Deko-Klebebänder, Schere

2. Lied einüben

Ihr könnt „Vollgas mit Jesus" gemeinsam mit den Kindern und ihren Instrumenten spielen und dazu singen. Vielleicht gibt es noch ein anderes Lieblingslied, das ihr spielen möchtet.

3. Auftritt proben

Gemeinsam wird das ausgewählte Lied eingeübt und ein Auftritt geprobt.
In der Gemeinde kann vorher angefragt werden, ob es an einem Fest oder Gottesdienst aufgeführt werden darf.

SONDERBAUSTEIN: REGEN- UND GERÄUSCHEMACHER BASTELN

In eine leere Küchenrolle werden, dem Verlauf einer Spirale nach, relativ eng Nägel genagelt, sodass Reiskörner gut hindurchfallen und dabei aufschlagen können und so ein Rascheln entsteht. Die Enden werden mit einem abgeschnittenen Luftballon verschlossen.
Jetzt wird ein Papier zum Bemalen, oder auch Geschenkpapier, darum geklebt und die Rolle verziert.
Material: Nägel (ca. 4 cm lang, wie der Durchmesser einer leeren Küchenrolle), 1 leere Küchenrolle pro Kind, Scheren, Luftballons, Stifte, Papier/Geschenkpapier, Materialien zum Verzieren (z. B. Federn, Schnüre zum Herumwickeln, Knöpfe, Naturmaterialien)

VORLAGEN ZUM DOWNLOAD

Vollgas mit Jesus!-Challenge-Karte (L4_Challenge-Karten)

Gott hören
Versuche in der Schule so viele Geräusche wie möglich wahrzunehmen, und schreibe diese hier auf. Bring den Zettel nächstes Mal wieder mit.
Jedes Geräusch gibt 2 Punkte und jedes, das nur du hast, 4 Punkte!
Mal sehen, wer am meisten Punkte schafft!

_____
_____
_____
_____
_____
_____
_____
_____

Idee für die ganze Familie
Lest die Geschichte von Elia zusammen. Sie steht in 1. Könige 19,1-18. Elia nimmt Gott ganz unterschiedlich wahr! Wir selbst nehmen Geräusche auch ganz unterschiedlich wahr. Wie würdet ihr euren Klingelton vom Telefon beschreiben? Schaut mal, wie viele Wahrnehmungswörter euch einfallen und wie unterschiedlich ihr es empfindet.

Zeit zum Reden?
Frage deine Eltern: Wie und wo habt ihr Gott schon einmal gehört oder erlebt?
Frage dein Kind / deine Kinder: Zu welcher Sache, die dich gerade beschäftigt, wünschst du dir, dass Gott mit dir redet?

Figurenvorlage für die Verkündigung (L4_Figurenvorlage_Verkündigung)

» LEKTION 5:
JESUS NACH!
BIBEL – DIE BIBEL ENTDECKEN, WIE TIMOTHEUS UND PAULUS

CHECKLISTE: PROGRAMMABLAUF UND MATERIALLISTE

Diese Checkliste (L5_Checkliste) findest du zum Download auf der Website, sodass du sie ausdrucken und mit eigenen Notizen ergänzen kannst ⬇.

Programmablauf	Materialliste
Begrüßung und Abfragen der Vollgas mit Jesus!-Challenge (5-10 min) (siehe Begrüßungsbaustein oder alternativ die Spielbausteine)	**Begrüßungsbaustein: Kurznachrichten** ☐ Stifte ☐ DIN-A4-Blätter ☐ bei Bedarf 1 großes Plakat
2-3 Lieder (7-15 min) (siehe Musikbaustein)	☐ Mottolied „Vollgas mit Jesus" (Noten_Mottolied) ⬇ ☐ Noten und Texte für weitere Lieder ☐ Instrumente oder Musik und Abspielgerät für Playback
Verkündigung (ca. 15 min Durchführung)	**Geschichte als Einmanntheater erzählen** ☐ 1 großer Briefumschlag ☐ 6 Bibelbilder (L5_Bibelbilder_Verkündigung) ⬇ ☐ Verkleidung als Timotheus ☐ Bibel und die ausgearbeitete Verkündigung ☐ Erklärvideo (L5_Video) ⬇ zur kreativen Methode der Verkündigung **Aktion: Stichwortbrief** ☐ 1 Briefumschlag **Aktion: Briefmarke** ☐ 10 Briefmarken
Entdeckerzeit (25-30 min)	**Entdeckeraktion: Gottes Wort ist für uns!** ☐ 2 alte Bibeln, die nicht mehr gebraucht werden ☐ Luftballons ☐ Eddings
	Entdeckerrunde: Bibellesemindmap ☐ 6 Bibelbilder (L5_Bibelbilder_Verkündigung) der Verkündigung ⬇ ☐ 1 Plakat ☐ Stifte ☐ Bibel
	Entdeckergebet: Brief an Gott ☐ Briefpapier ☐ Stifte ☐ Umschlag
Actionzeit (restliche Zeit)	**Spiel- und Sonderbausteine** Deine Auswahl der Spiel- oder Sonderbausteine: ☐ Oldschool Schnitzeljagd ☐ WhatsApp-Jagd ☐ Zublinzelpost ☐ Briefpost ☐ Sonderbaustein: Bibel-Kuchen backen (sollte zu Beginn der Stunde gemacht werden) ☐ Sonderbaustein: Lieblingsvers auf Holz gestalten
Vollgas mit Jesus!-Challenge (3-5 min)	**Die Bibel entdecken** ☐ Vollgas mit Jesus!-Challenge-Karten (L5_Challenge-Karten) ⬇
Abschluss mit Gebet (2 min)	

MITARBEITERIMPULS

Dieser Impuls kann als Ermutigung zu Beginn, wenn du dich mit dem Mitarbeiterteam triffst, erzählt oder vorgelesen werden:

Die Bibel ist ein Buch, das uns herausfordert. Gott spricht durch sie zu uns. Er persönlich hat darauf geachtet, was darin steht, und er weiß, wer gerade sein Buch liest. Wann hat er das letzte Mal durch einen biblischen Text zu dir geredet? Du kannst dafür beten, dass er es heute wieder tut und dich begeistert. Oder vielleicht auch ermahnt, ermutigt, herausfordert oder dir eben das gibt, was du gerade brauchst. Er verspricht zudem, dass sein Wort nicht leer zurückkommt. Er redet zu den Kindern – durch dich und dein Erzählen von Gottes Wort.

Mitarbeiter-Challenge

Sei dir bewusst, dass Gott durch dich reden möchte und frage ihn, was er den Kindern zu sagen hat. Manches Mal redet er durch uns, ohne dass wir es merken, aber manches Mal sagt oder zeigt er uns auch bewusst Dinge, die wir weitergeben dürfen und sollen. Höre heute bewusst auf Gott und frage ihn, was du persönlich einzelnen Kindern von ihm weitergeben kannst.

BIBLISCHEN TEXT ERARBEITEN

Vorbereitungszeit: ca. 30 Minuten

Bete, dass Gott dir beim Bearbeiten des Bibeltextes zeigt, was für dich persönlich dran ist und was für die Kinder wichtig ist, damit sie geistlich wachsen können.

Du kannst den Text zuerst einmal durchlesen und ihn dann bearbeiten. Unterstreiche hierfür im untenstehenden Bibeltext Sätze und Wörter mit folgenden Farben:

- Das finde ich für mich persönlich und für die Kinder wichtig.
- Da steht etwas über Gott, Jesus oder den Heiligen Geist.
- Da steht etwas zum Thema der Lektion oder etwas, das dazu wichtig ist.
- Personen, über die ich nachher noch mehr Wissen sammeln werde.
- Orte, Zeiten oder andere wichtige Angaben, mit denen die Geschichte eingeordnet werden kann.

Apostelgeschichte 16,1-5: Timotheus wird der Teampartner von Paulus

Paulus gewinnt Timotheus als Begleiter
1 Paulus kam wieder nach Derbe und Lystra.
Sieh doch!
In Lystra lebte ein Jünger namens Timotheus.
Er war der Sohn einer Christin jüdischer Herkunft,
aber sein Vater war Grieche.
2 Timotheus hatte einen guten Ruf
bei den Brüdern in Lystra und Ikonion.
3 Paulus wollte Timotheus gerne
als Begleiter auf die Reise mitnehmen.
Aus Rücksicht auf die Juden in der Gegend
ließ er ihn beschneiden.
Denn alle wussten,
dass sein Vater Grieche war.
4 Dann zogen Paulus und Timotheus von Stadt zu Stadt.
Sie teilten den Gemeinden mit,
was die Apostel und die Gemeindeältesten in Jerusalem
beschlossen hatten.
An diese Beschlüsse sollten sie sich halten.
5 So wurden die Gemeinden im Glauben gestärkt,
und sie wuchsen von Tag zu Tag.

2. Timotheus 3,10-17: Ein Brief von Paulus an Timotheus

Dem Vorbild des Paulus folgen
10 Aber du bist mir in allem treu gefolgt:
in der Lehre,
in der Lebensführung
und in den Vorhaben.
Ebenso im Glauben,
in der Geduld
und in der Liebe.
Und auch in der Standhaftigkeit,
11 in Verfolgung und Leiden.
In Antiochia, Ikonion und Lystra
habe ich das ja auch selbst erleben müssen.
Was für Verfolgungen musste ich da erdulden!
Und immer hat mich der Herr gerettet!
12 Im Übrigen wird man alle verfolgen,
die zu Christus Jesus gehören
und ihren Glauben ausüben wollen.
13 Aber die bösen Menschen und die Betrüger
werden es immer schlimmer treiben.
Und indem sie andere täuschen,
täuschen sie sich selbst.
14 Du aber sollst an dem festhalten,
was du gelernt
und worauf du dein Vertrauen gesetzt hast.
Du weißt ja,
wer deine Lehrer waren.
15 Und du kennst auch von klein auf
die heiligen Schriften.
Daraus kannst du die nötige Weisheit erhalten,
um durch den Glauben an Christus Jesus
gerettet zu werden.
16 Dazu ist jede Schrift nützlich,
die sich dem Wirken von Gottes Geist verdankt.
Sie hilft dabei,
recht zu lehren,
die Irrenden zurechtzuweisen
und zu bessern.
Und ebenso dazu,
die Menschen zur Gerechtigkeit zu erziehen.
17 Damit ist der Mensch,
der sich Gott zur Verfügung stellt,
gut ausgerüstet.
Er ist auf alle Aufgaben seines Dienstes
vorbereitet.

ERKLÄRUNGEN ZUM TEXT

Kontext
Timotheus ist bereits wie ein Sohn für Paulus. Timotheus selbst unterstützt wie Paulus Gemeinden und ist ein Leiter. Paulus schreibt ihm, dass es sehr wichtig ist, an Jesus dranzubleiben, indem man betet und in der Bibel liest, damit man so handelt, wie es Gott gefällt, und erkennen kann, wenn Leute falsche Behauptungen über Gott und das Leben aufstellen. Paulus schreibt ihm zwei Briefe. Diesen zweiten Brief schreibt er vom Gefängnis aus, und Timotheus muss selbst seinen Weg mit Gott finden. Paulus will ihm helfen und schreibt ihm nochmals, dass er an Jesus festhalten soll und vor allem an dem, was in der Bibel steht, egal ob er verfolgt, ausgelacht oder bejubelt wird. Gottes Wort ist das Allerwichtigste!

Personen
Paulus: Er hat Christen verfolgt, bis er Jesus erlebt und sich schließlich dafür entscheidet, Menschen von ihm zu erzählen. Dies wird sein Lebensziel! Er lebt den Menschen vor, wie man mit Jesus unterwegs sein kann, und er versucht, ihnen dabei zu helfen.

Timotheus: Paulus erwählt ihn, da er bei den Gläubigen in seiner Heimat hoch angesehen ist. Timotheus selbst hat bestimmt bereits von Paulus gehört, da dieser immer wieder nach Lystra reiste. Paulus kümmert sich um ihn und wird sein Mentor. Zwei Briefe zwischen Paulus und Timotheus finden sich in der Bibel wieder, in denen Paulus Timotheus Tipps gibt und ihn persönlich im Glauben herausfordert.

Begriffe und weitere Erklärungen
Derbe und Lystra: Diese beiden Städte waren in der Gegend von Lyakonien in Kleinasien. Das ist in der heutigen Türkei. Paulus kam dort immer wieder vorbei.

Beschlüsse aus Jerusalem: Als einige Männer verkünden, dass man nicht allein durch Jesus gerettet wird, sondern erst durch die Beschneidung, reist Paulus mit seinem Begleiter nach Jerusalem und diskutiert mit den Aposteln darüber. Das Ergebnis verkünden Timotheus und Paulus in den verschiedenen Gemeinden: Den Christen, die vorher keine Juden waren, sollen keine besonderen Lasten auferlegt werden. So auch keine Beschneidung, die für die Juden zuvor wichtig war. Sie sollen allerdings kein Opferfleisch essen, das einem Götzen geweiht ist, und in Unzucht, gegen den Willen Gottes, leben.

Beschneidung aus Rücksicht auf Juden: Eigentlich hätte sich Timotheus nicht beschneiden lassen müssen. Aber damit nicht sinnlose Diskussionen entstehen und die Leute ihm richtig zuhören, macht er es dann doch. Nicht damit er gerettet wird, sondern damit die Leute Jesus kennenlernen und ihn akzeptieren. Es ist Timotheus wichtiger, das die Leute von Jesus hören, als dass sie sich über etwas Nebensächliches den Kopf zerbrechen.

Verfolgung: Christen werden verfolgt. Das passiert aus verschiedenen Gründen: Manche Herrscher haben z. B. Angst um ihre Macht, wenn sie sehen, wie viele Leute sich den Christen anschließen. Es gibt auch religiöse und politische Leiter, welche die Bezeichnung Jesu als den Sohn Gottes als Gotteslästerung und somit als Verbrechen betrachteten.

Verführer: Es gibt Menschen, die anderen Falsches über Gott und Jesus erzählen, seine Liebe oder Vergebung zum Beispiel verkaufen oder den Menschen erzählen, dass man viele gute Werke tun muss, um zu Gott zu gehören. Meistens sind das Menschen, die sich damit selbst täuschen, denn sie tun damit selbst etwas gegen Gott.

Zurechtweisung der Irrenden: Weil es eben manche Verführer gibt und wir Menschen uns oft in vielen Sachen irren, will Gott uns durch die Bibel helfen, richtig gut zu leben. Er gibt uns Hilfen, ermahnt uns und ist wie ein Papa oder eine Mama, der/die uns gut erziehen will, damit wir tolle Menschen werden.

Weg zur Rettung: Diesen Weg findet man in der Bibel. Es ist kein Weg, auf dem man praktisch laufen kann. Dort steht geschrieben, wie man Gottes Kind wird und was Gott aus Liebe für uns getan hat. Rettung bedeutet, dass wir niemals verloren gehen können oder allein gelassen werden, sondern dass Gott sich selbst darum gekümmert hat, damit wir für immer mit ihm versöhnt als seine Kinder leben dürfen, hier und in Ewigkeit.

Ausgerüstet für den Dienst: Gott hat jeden Menschen für etwas begabt, z. B. um anderen Menschen von ihm zu erzählen, anderen zu dienen, Liebe weiterzugeben oder andere zu leiten. Die Grundlage und Orientierung dazu ist die Bibel. Sie gibt uns wichtige Hinweise und Hilfen für unser Leben und die dazugehörenden Aufgaben.

Die heiligen Schriften: Damit meint Paulus die Bibel.

MINDMAP

START

Zielgedanke: Die Bibel entdecken, wie Timotheus und Paulus

Was genau nehmen die Kinder zu diesem Thema mit in die nächste Woche und ihr Leben?

Dazu helfen zwei Anfänge:
- » Die Kinder verstehen und erleben, dass ...
- » Die Kinder wollen das in der nächsten Zeit tun: ...

1 Biblischen Text erarbeiten

Du hast auf den beiden vorherigen Seiten die biblische Geschichte vorbereitet. Diese stellt die Grundlage für die weitere Ausarbeitung dar, falls du sie also noch nicht bearbeitet hast, fange am besten jetzt damit an!

2 Lebenswelt der Kinder aus deiner Kindergruppe

Was haben meine Kinder für ein Interesse am Bibellesen?
Falls Lektion 2 mit den Kindern bereits durchgeführt wurde:
- » Haben sie die Bibelentdeckerkarten schon einmal benutzt?
- » Wenn ja, wie und warum oder warum nicht?

Idee: Du kannst den Kindern helfen, in der Bibel zu lesen, indem ...

- » du ihnen zum Beispiel die Bibelstelle der Geschichte aus der Kindergruppe auf einem kleinen Zettel mit nach Hause gibst. Du kannst dazu sogar eine Quizfrage stellen. Wer diese beim nächsten Treffen beantworten kann, bekommt eine Belohnung.
- » du und dein Team den Kindern z. B. zum Geburtstag kleine Mini-Bilderbücher zu biblischen Geschichten schenken. Zu fast allen Geschichten der Bibel gibt es kleine Heftchen mit Bildern.

3 Verkündigung als Einmanntheater

Die Geschichte hast du bereits auf den vorherigen Seiten vorbereitet. Wie du sie erzählen kannst, findest du auf der nächsten Doppelseite. Hier sind einige Aktionen für den Einstieg, mit denen du die Kinder spielerisch in das Thema der Geschichte hineinnehmen kannst. Such dir eine Aktion aus, die den Kindern Lust macht, noch mehr darüber zu erfahren und es auszuprobieren!

Aktion: Stichwortbrief

Alle sitzen im Kreis, ein Kind bekommt einen Briefumschlag. Dieses überlegt sich nun ein Wort, das es in einen Brief schreiben würde, z. B. „Hallo". Es sagt dann: „Ich schreibe einen Brief, und darin steht das Wort ‚Hallo'". Dann kommt das nächste Kind dran, nimmt den Briefumschlag und sagt: „Ich schreibe einen Brief, und darin steht das Wort ‚Hallo' und ‚Ferien'". So wird der Brief mit immer mehr Wörtern gefüllt. Das nächste Kind muss immer die Worte der vor ihm sitzenden Personen in der dementsprechenden Reihenfolge wiederholen und sich selbst ein neues überlegen. Ziel ist es, am Schluss richtig viele Wörter geschafft zu haben.

Material: 1 Briefumschlag

Aktion: Briefmarke

Alle verlassen den Raum, bis auf einen/eine der Mitarbeitenden. Dieser/diese versteckt zehn Briefmarken. Dann kommen alle wieder herein und suchen die Briefmarken. Wer alle zehn gesehen hat, setzt sich hin. Sitzen alle, werden die Verstecke gemeinsam aufgelöst.
Dann kann man zur Geschichte überleiten, in der es um einen wichtigen Brief geht.

Material: 10 Briefmarken

ABSCHLUSS

Jedes Kind sagt, was es heute gut fand und was ihm Mut macht, zu Hause in der Bibel zu lesen. Gemeinsam singen alle zum Abschluss das Mottolied „Vollgas mit Jesus". Bei dem letzten Teil im Lied rennen alle im Raum herum und schütteln jedem/jeder zum Abschied die Hand. Den Musikern/Musikerinnen am besten erst hinterher.
Material: Mottolied „Vollgas mit Jesus" (Noten_Mottolied)

6 Vollgas mit Jesus!-Challenge

Bis zum nächsten Mal sucht sich jeder/jede einen Vers aus der Bibel aus, den er/sie selbst spannend, cool, schön, ermutigend oder einfach toll findet. Jedes Kind lernt seinen Vers auswendig, und nächstes Mal tauscht ihr euch darüber aus. Den Vers schreibt jedes Kind auf seine Challenge-Karte. Die Challenge-Karten (L5_Challenge-Karten) mit dem Familienimpuls können den Kindern in diesem Teil mit nach Hause gegben werden. Die Vorlage (siehe S. 79) gibt es zum Download. Wer den Vers zusätzlich (allein oder mit Freunden/Freundinnen zusammen) als Rap, Lied oder etwas anderes Kreatives vorträgt, bekommt extra Kreativ-Punkte (z. B. eine Süßigkeit). Für die Kinder, die den Wettkampf lieben, kann man einen kleinen Zusatzpreis ankündigen und zur Begrüßung nächstes Mal einen Verse-Battle um den Preis veranstalten.

5 Bausteine
Siehe ab Seite 76

4 Entdeckerzeit

1. Entdeckeraktion (10 Minuten): Gottes Wort ist für uns!

Die Bibel ist Gottes Wort. Es vertreibt Streit, Angst, Ärger und Sorgen, denn Gott spricht uns darin Vergebung, Mut, Trost und Hilfe zu. Das verdeutlicht folgendes Spiel: Auf richtig voll aufgeblasene Luftballons wird alles geschrieben, was gegen Gottes Willen ist, denn das macht auch unser Leben oft schwer. Dann werden zwei Gruppen gebildet, unter denen die Luftballons gleichmäßig aufgeteilt werden. Die Gruppen stellen sich an einem Ende des Raumes auf, auf der anderen Seite wird im gleichen Abstand pro Gruppe ein Stuhl aufgestellt und darauf je eine der alten Bibeln gelegt. Auf Kommando rennt immer einer/eine aus der Gruppe mit einem Ballon zum Stuhl hinüber, haut diesen mit der Bibel kaputt und ruft dann laut: „Ich vertraue Gottes Wort!", rennt zurück und der/die Nächste rennt mit einem Luftballon rüber. Welche Gruppe schafft es zuerst, die Luftballons alle platzen zu lassen?

Material: 2 alte Bibeln, die nicht mehr gebraucht werden, Luftballons, Eddings

3. Entdeckergebet (5 Minuten): Brief an Gott

Schreibt gemeinsam einen Brief mit euren Gebetsanliegen an Gott und betet dafür dann am Schluss zusammen. Je nach Fähigkeiten der Kinder kann jeder/jede einen Satz dazu schreiben oder den Mitarbeitenden diktieren. Ihr könnt auch eine Gebetsform der anderen Lektionen wiederholen, wenn den Kindern etwas gut gefallen hat. Wenn ihr wollt, könnt ihr den Brief in einen Umschlag stecken, „An Gott" darauf schreiben und in eurem Raum an die Wand hängen. Diese Art von Gebet kann man als Gruppe dann öfters durchführen, sodass sich immer mehr Gebete im Umschlag sammeln können, zum Beispiel auch Abendgebete, Heimgeh-Gebete oder Dankgebete, die man dann zu bestimmten Anlässen gemeinsam beten kann.

Material: Briefpapier, Stifte, Umschlag

2. Entdeckerrunde (5-10 Minuten): Bibellesemindmap

Zusammen überlegen wir nochmals, was Paulus Timotheus zu den jeweiligen Bildern geschrieben hat. Gemeinsam könnt ihr die Fragen und Antworten auf einem Plakat in einer Mindmap sammeln: Die Bibel wird in die Mitte gelegt und von dort aus schreiben wir auf, ...
» was bei uns von der Geschichte hängen geblieben ist.
» wie es den Kindern selbst mit dem Bibellesen geht.
» ob sie in den letzten Wochen schon einmal allein zu Hause Bibel gelesen haben.
» ob sie mit der Familie oder Freunden/Freundinnen zusammen in der Bibel gelesen haben.
» ob sie (falls Lektion 2 bereits durchgeführt wurde) ihre Bibelentdeckerkarten ausprobiert haben.
» ob sie noch Unterstützung brauchen und du ihnen dabei helfen kannst.

Vielleicht gibt es etwas, das sie nicht verstehen oder von dem sie nicht wissen, wie es geht.
Redet darüber, was euch ermutigt, dranzubleiben, was helfen kann oder wie ihr euch gegenseitig helfen könnt. Die Kinder haben dazu bestimmt gute Ideen!
Legt doch gemeinsam ein Buch aus der Bibel fest, das euch alle interessiert, und versucht, es in einer von euch festgelegten Zeit zu lesen. Dann könnt ihr euch hinterher darüber austauschen, wie es euch damit ging.

Material: 6 Bibelbilder der Verkündigung (L5_Bibelbilder_Verkündigung) (siehe S. 74), 1 Plakat, Stifte, Bibel

VERKÜNDIGUNG

Vorbereitungszeit der Verkündigung: ca. 15 Minuten
Die Geschichte wird als Einmanntheater erzählt. Hierfür wird zunächst der Brief an Timotheus vorbereitet. Stecke dafür die sechs Bibelbilder (L5_Bibelbilder_Verkündigung) ⬇ in der richtigen Reihenfolge in einen großen Briefumschlag und verschließe ihn dann – aber natürlich erst nach dem ersten Übungsdurchlauf. Schreibe dann folgenden Empfänger und Absender darauf:
   » An: Timotheus, Gemeindestr. 12, in Ephesus, Griechenland, 62 n. Christus
   » Von: Paulus, Gefängnisstr. 55, in 177 Rom, Italien
Material: 1 großer Briefumschlag, 6 Bibelbilder (L5_Bibelbilder_Verkündigung) ⬇, Verkleidung als Timotheus, Bibel, Erklärvideo (L5_Video) ⬇ zur kreativen Methode der Verkündigung

(Als Timotheus sprechen) Boa, das ist genial, dass ich hier so eine Aufgabe habe. Paulus ist ein richtig wichtiger Mann, der viel reist und allen Menschen von Jesus erzählt. Eines Tages kam der nach Lystra, da komme ich her. Und ich war so begeistert von dem, was er über Jesus erzählt hat, dass ich auch so werden wollte. Als er dann noch einmal kam, fragte er mich tatsächlich, ob ich mit ihm unterwegs sein will. Paulus und ich! Das ist eine verantwortungsvolle Aufgabe. Wenn dann Leute da sind, die mit Jesus leben wollen, helfen wir ihnen, Gottesdienste zu feiern, und bringen ihnen richtig viel über Gott bei. Da muss man immer wieder an der Bibel dranbleiben und lesen. Aber Paulus hatte es auch nicht leicht. Vor drei Jahren hat er mir schon einmal einen Brief geschrieben, da ging es ihm ganz gut. Aber ich habe gehört, dass er im Moment im Gefängnis sitzt!

Hui, der ist ja von Paulus! Gefängnisstr. 55 in Rom, Italien!
An Timotheus – hey, das bin ich! Was er wohl schreibt? Schnell den Brief aufmachen ... **(Bibelbild 1 herausholen)** „Du hast dich an dem, was ich von Gott erzähle, wie ich lebe und meinem Lebensziel ausgerichtet. Ich bin ein Vorbild für dich mit meinem Glauben, meiner Geduld und meiner Liebe. Du weißt, dass ich verfolgt werde und leiden muss, weil ich anderen Menschen von Jesus und seinen Geschichten in der Bibel erzähle, aber ich halte trotz allem an Jesus fest! In Antiochia, Ikonion und Lystra hast du miterlebt, wie die Leute mir schaden wollten und du hast gesehen, dass Jesus mich aus all diesen Gefahren und Leiden immer wieder gerettet hat."

(Vom Brief aufsehen und Kinder anschauen) Genial, wie Paulus trotz allem an Jesus festhält. So wie er lebe ich auch mit Jesus. Er ist mein großes Vorbild! Habt ihr ein Vorbild aus der Bibel? **(Kinder können antworten)** Mal sehen, was Paulus noch zu sagen hat.

(Bibelbild 2 herausholen) „Alle, die ein Leben mit Jesus Christus leben, das Gott gefällt, werden es nicht leicht haben und verfolgt werden."
Was? Es ist also sogar in manchen Ländern gefährlich, an Jesus zu glauben? Was Paulus damit meint? Mhm, er wurde deswegen eingesperrt. Die Leute wollten ihn sogar umbringen. Ob mich andere auch umbringen wollen ...? Wahrscheinlich, weil wir jetzt anderen helfen. Wer mit Jesus lebt und in der Bibel liest, lässt sich auf ein großes Abenteuer ein. Manche finden es sogar doof, wenn wir von der Bibel erzählen und machen sich darüber lustig. Habt ihr schon einmal so was erlebt? **(Kinder können antworten.)**
Wie gut, dass Jesus immer wieder auf uns aufpasst und wir ihn um Hilfe bitten können. Mal sehen, was Paulus weiter schreibt!

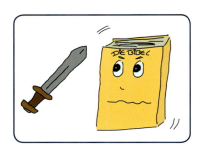

74 | LEKTION 5: BIBEL

(Bibelbild 3 herausholen) *„Die Verführer und Schwindler dagegen bringen es noch weit – auf dem Weg ins Verderben! Betrüger sind sie und selbst Betrogene!"*
Es gibt doch tatsächlich Schwindler, die erzählen was von der Bibel, was gar nicht drin steht. Schade, so lernen sie Jesus nicht richtig kennen. Aber was ist, wenn wir nun viel in der Bibel lesen und mit Jesus unterwegs sind?
Mal sehen, was Paulus schreibt:

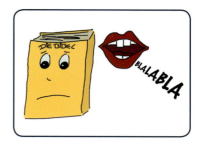

(Bibelbild 4 herausholen) *„Timotheus, bleibe bei dem, was du gelernt und worauf du dein Vertrauen gesetzt hast. Du weißt, wer dir viel von der Bibel erzählt und dich gelehrt hat. Du kennst die Bibel schon, seit du klein warst. Sie zeigt dir den Weg zur Rettung, den wir durch den Glauben an Jesus und von Jesus haben."*
Ich soll an Jesus dranbleiben! Ich kenne die Bibel schon, seit ich ein Kind war. Rettung gibt es bei Jesus, die Geschichte dazu steht in der Bibel. Rettung! Schön wäre es, wenn er uns von jedem Unglück retten würde. Aber selbst in der Bibel gibt es Geschichten, die erst einmal nicht gut ausgehen. Dafür steht darin auch, dass wir irgendwann bei Jesus sein werden. Und dort wird es dann kein Leid mehr geben. Jesus rettet uns, er will, dass wir zu ihm gehören. Ich glaube, ich muss noch mal die Geschichten von Lukas lesen. Gut, dass wir die Bibel haben!

(Bibelbild 5 herausholen) *„Die Bibel nützt dir auch bei deiner Aufgabe als Lehrer der Gemeinde. Denn jede Schrift, die von Gottes Geist eingegeben wurde, ist wichtig für uns, damit wir alle so leben, wie es Jesus gefällt."*
Paulus schreibt sogar, dass die Bibel uns hilft, als Kind Gottes zu leben. So können wir seine Liebe anderen weitergeben. Wir sollen anderen sagen, wo sie Gott und andere Menschen verletzt haben. Die Bibel sieht nicht nur zu, wenn etwas Unfaires passiert, sondern will uns aktiv machen, anderen zu helfen.
In ihr finde ich alles, was ich den anderen über Jesus erzählen möchte!

Der letzte Satz in dem Teil des Briefes gefällt mir besonders!
(Bibelbild 6 herausholen) *„Mit der Heiligen Schrift, also der Bibel, in der Hand, ist der Mensch, der sich Gott zur Verfügung gestellt hat, ausgerüstet für alle Aufgaben seines Dienstes."*
Mhm, wenn ich also viel in der Bibel lese und darauf höre, was Gott mir darin sagen möchte, kann ich alles Mögliche mit Gott schaffen. Das ist mega toll! Oh, schon ist der Teil des Briefes vorbei!
Aber genau das werde ich jetzt machen: Ich gehe Bibel lesen! Nur, wie schaff ich das? Manchmal ist es ja gar nicht so einfach, motiviert zu sein. Dazu können wir uns in der Entdeckerzeit austauschen und coole Ideen finden!

BEGRÜSSUNGSBAUSTEIN: KURZNACHRICHTEN

Heute gibt es einen Anfangs-Chatroom: Wenn die Kinder kommen, wird nicht gesprochen, sondern jeder/jede bekommt einen Stift und ein Blatt. Man redet praktisch per „Brief" zueinander (malen oder schreiben). Das kann später als Einleitung für die biblische Geschichte mit dem Brief von Paulus an Timotheus genutzt werden. In kleineren Gruppen wird ein Kurznachrichten-Plakat in die Mitte gelegt. Dies kann in einem aktuellen Messengerdesign gestaltet werden. Hier genügen Stichworte und Bilder, damit sich auch Kinder, die keine ganzen Sätze schreiben können, beteiligen.
Material: Stifte, DIN-A4-Blätter, bei Bedarf 1 großes Plakat
Spieleranzahl: ab 3

MUSIKBAUSTEIN

Singt doch ein bekanntes Lied zu Beginn, dann das Mottolied „Vollgas mit Jesus" und zum Schluss noch ein passendes zum Thema. Zum Beispiel:
> » **Begrüßungslied:** „Ich mach mich locker" – von Mike Müllerbauer
> » **Mottolied:** „Vollgas mit Jesus" – Noten (Noten_Mottolied) und eine Hörprobe (Hörprobe_Mottolied) gibt es zum Download ⬇, den Text findest du auf S. 15!
> » **Lied zum Thema:** „Powerbuch" – von Jan Wörner

SPIELBAUSTEINE

Oldschool Schnitzeljagd
Dieses Spiel findet im Freien statt, man kommuniziert über den Boden und die Kreide.
Die Kinder werden in zwei Gruppen aufgeteilt. Eine Gruppe hat die Kreide und läuft vor. An jeder Kreuzung macht sie Pfeile, in welche Richtung sie läuft. Sie darf auch in Irrwege führen, an deren Ende dann aber ein X zu sehen sein muss. Die andere Gruppe läuft 5 Minuten später los. Nach etwa einer halben Stunde, wenn die erste Gruppe noch nicht gefangen wurde, malt diese einen Kreis auf den Boden und alle Kinder verstecken sich dort im Umkreis von 25 m. Wurde die Gruppe gefangen oder am Ende alle Kinder gefunden, wird gewechselt.
Material: Kreide
Spieleranzahl: ab 4

WhatsApp-Jagd
Die Kinder werden in zwei oder mehr Gruppen aufgeteilt. Jede Gruppe hat einen Mitarbeiter / eine Mitarbeiterin mit Smartphone. Alle Smartphones sind durch eine WhatsApp-Gruppe miteinander verbunden. Eine Gruppe darf vorlaufen. Sie muss nun alle 4 Minuten ein Bild von sich in die WhatsApp-Gruppe stellen, auf dem am Hintergrund ersichtlich ist, wo sie sich befindet. Das darf ruhig etwas schwer zu erraten sein. Die anderen Gruppen müssen versuchen, diese zu fangen, dürfen aber erst nach dem ersten Bild loslaufen. Auch die suchenden Gruppen müssen ab und zu zeigen (alle 6 Minuten), wo sie gerade sind. Je nach Gruppen kann man das Spiel beliebig oft wiederholen und die Abstände, in denen die Gruppen sich melden müssen, verlängern oder kürzen. Alternativ kann auch einer/eine der Mitarbeitenden gejagt werden.
Material: 1 Smartphone je Gruppe (z. B. das des/der jeweiligen Mitarbeitenden)
Spieleranzahl: ab 4

Zublinzelpost
Jedes Kind sucht sich einen Partner / eine Partnerin. Dann stellen sich alle im Kreis so auf, dass ein Kind zur Kreismitte blickt (Empfänger), das Partnerkind (Wächter) steht dahinter. Ein Kind steht ohne Partner/Partnerin im Kreis. Dieses Kind versucht nun durch Zublinzeln, ein Kind zu sich zu rufen. Es müssen also alle dieses Kind ansehen. Die Wächter halten ihre Hände hinter dem Rücken. Die Empfänger müssen, wenn ihnen zugeblinzelt wird, versuchen, wegzurennen und sich hinter das bisher alleinstehende Kind zu stellen. Der Wächter muss aufpassen, dass sein Partner / seine Partnerin nicht davonrennt, indem er ihn/sie (vorsichtig) festhält. Hat es das Kind in der Mitte geschafft, einen Empfänger hinter sich zu bekommen, ist der Wächter an der Reihe, dessen Partner/Partnerin entwischt ist.
Material: keines
Spieleranzahl: ab 5

Briefpost

Alle sitzen im Kreis. Einer/eine wird ausgewählt und stellt sich in die Mitte. Die anderen halten sich an den Händen. Ein Kind darf sich nun ein anderes aussuchen, an das es einen „Brief" schicken will: „Ich schicke einen Brief an …" Der Brief wird verschickt, indem man mit den Händen einen Druck weitergibt. Sobald der Brief, also der Händedruck, in eine nicht bekannte Richtung abgeschickt wurde, sagt das Kind: „Brief abgeschickt." Das Kind in der Mitte muss nun versuchen herauszufinden, an welcher Stelle im Kreis sich der Brief gerade befindet, indem es die Hände beobachtet. Findet es den Brief, muss das Kind, das den Händedruck gerade weitergeschickt hat, in die Mitte und der/die andere nimmt seinen Platz ein und darf den nächsten Brief abschicken. Ist der Brief beim Empfänger angekommen, ruft dieser „Angekommen!" und darf eine neue Runde starten.

Material: keines
Spieleranzahl: ab 10

SONDERBAUSTEIN: BIBEL-KUCHEN BACKEN

Mit einem Bibelkuchen kann man das Aufschlagen von Bibelstellen lernen. Außerdem macht das Herausfinden der Zutaten auch einfach Spaß und der Kuchen ist lecker! Für Kinder mit Unverträglichkeiten sollten später beim Essen Alternativen angeboten werden. Es ist wichtig, dass vorher alle Zutaten parat stehen und die Backzeit gut eingeplant wird. Natürlich kann man ein paar Zutaten mehr hinstellen, damit es nicht zu offensichtlich ist, was in den Kuchen reinkommt. Der Kuchen sollte zu Beginn zubereitet werden, damit er während der Verkündigung mit den Aktionen und der Entdeckerzeit backen kann.

Die Kinder suchen die Verse heraus. Jede Zutat, die sie herausfinden, bekommen sie und dürfen sie dazugeben. Eine Bibelübersetzung nach Martin Luther eignet sich am besten, sonst muss man den Kindern etwas helfen. Diesen leckeren selbstgemachten Kuchen kann man dann auch noch den Eltern beim Abholen anbieten.

Material für beide Kuchen: Bibel (am besten nach Martin Luther), Rührschüssel, Knethaken/Rührlöffel, Brett, Messer, Backblech, Backpapier

Bibelkuchen Mandel-Feige

4 Tassen	1. Könige 5,2	Feinmehl
1 Tasse	Richter 5,25b	Sahne
1,5 Tassen	Richter 14,14	Zucker
6 Stück	Jeremia 17,11	Eier
1 Teelöffel	3. Mose 2,13	Salz
2 Tassen	1. Samuel 30,12b	Wasser
2 Tassen	Nahum 3,12	Feigen
1 Tasse	4. Mose 17,23	Mandeln
0,5 Tasse	Richter 4,19b	Milch
2 Teelöffel	–	Backpulver

Die Früchte werden in kleine Stücke geschnitten und gut in Mehl gewendet. Alle Zutaten werden dann nacheinander verrührt. Anschließend wird alles auf ein mit Backpapier ausgelegtes Blech gefüllt – und ab in den Ofen! Backzeit ca. 40-60 Minuten bei 180-200 °C.

Bibelkuchen Honig-Zimt

1,5 Tassen	5. Mose 32,14a	Butter
6 Stück	Jeremia 17,11	Eier
2 Tassen	Richter 14,18a	Honig
4,5 Tassen	1. Könige 5,2	Mehl
2 Tassen	1. Samuel 30,12a	Rosinen
0,75 Tassen	1. Korinther 3,2	Milch
2 Tassen fein gehackt	Nahum 3,12	Feigen
1 Tasse klein gehackt	4. Mose 17,23b	Mandeln
1 Prise	3. Mose 2,13	Salz
3 Teelöffel gemahlen	Jeremia 6,20	Zimt
sowie 1 Päckchen	–	Backpulver

Alle Zutaten (außer den Mandeln) werden gut verknetet, auf ein mit Backpapier ausgelegtes Backblech gestrichen und mit den gehackten Mandeln bestreut. Das Blech soll dann im vorgeheizten Ofen bei 180-200 °C ca. 40-60 Minuten backen. Nachdem es später ausgekühlt ist, wird der Kuchen in Würfel geschnitten und ist fertig zum Genießen!

SONDERBAUSTEIN: LIEBLINGSVERS AUF HOLZ GESTALTEN

Jedes Kind bekommt oder sucht sich ein Stück Holz. Auf dem Holz werden mit Bleistift der Text und die Verzierungen zum Löten markiert. Ebenfalls sollte grob eingezeichnet werden, was weggeschliffen oder weggesägt werden sollte. Dann dürfen die Kinder anfangen und ihr Holz zunächst bei Bedarf auf die gewünschte Größe bzw. Form zurechtsägen und glattschleifen. Mit dem Lötkolben werden nun der Vers und die Verzierungen in das Holz gebrannt. Es lohnt sich, bei vielen Kindern einen Bereich zum Holzbearbeiten und einen Bereich zum Löten festzulegen.
Material: 1 Stück Holz je Kind (je nach Wetter kann man dazu mit den Kindern Holz in einem Wald suchen), Bleistifte, Lötkolben, Schleifpapier, Feile, Unterlagen, bei Bedarf Säge

VORLAGEN ZUM DOWNLOAD

Vollgas mit Jesus!-Challenge-Karte (L5_Challenge-Karten)

Die Bibel entdecken
Mein Lieblingsvers

_____
_____
_____
_____
_____
_____
_____
_____
_____
_____

Idee für die ganze Familie
Wem gefällt welcher Vers in der Bibel am besten? Bibelverse können einem in den unterschiedlichsten Situationen helfen, sind ermutigend und tröstend. Bibelverse können auch unsere gute Laune ausdrücken und vieles mehr. Sucht jedem Familienmitglied einen Vers aus, der den anderen / die andere ermutigt, und erklärt, warum ihr ihm/ihr diesen Vers gern zusprechen möchtet.

Zeit zum Reden?
Frage deine Eltern: Gibt es einen Vers, der euch in einer Situation wichtig war und bei was?
Frage dein Kind / deine Kinder: Was gefällt dir an deinem Lieblingsvers am besten?

» LEKTION 6:
JESUS NACH!
FREUNDSCHAFT – MIT JESUS LEBEN, WIE PAULUS UND SILAS

CHECKLISTE: PROGRAMMABLAUF UND MATERIALLISTE

Diese Checkliste (L6_Checkliste) findest du zum Download auf der Website, sodass du sie ausdrucken und mit eigenen Notizen ergänzen kannst ⬇.

Programmablauf	Materialliste
Begrüßung und Abfragen der Vollgas mit Jesus!-Challenge (5-10 min) (siehe Begrüßungsbaustein oder alternativ die Spielbausteine)	**Begrüßungsbaustein: Austauschkunst** ☐ Plakat/Leinentuch ☐ Abdeckfolie/Unterlage ☐ Farben ☐ Wachsmalkreiden ☐ Pinsel ☐ Musik und Abspielgerät ☐ für das Abfragen der Vollgas mit Jesus!-Challenge aus Lektion 5 bei Bedarf einen Preis / eine Süßigkeit für den Vers-Battle bzw. als Kreativ-Punkte
2-3 Lieder (7-15 min) (siehe Musikbaustein)	☐ Mottolied „Vollgas mit Jesus" (Noten_Mottolied) ⬇ ☐ Noten und Texte für weitere Lieder ☐ Instrumente oder Musik und Abspielgerät für Playback
Verkündigung (ca. 15 min Durchführung)	**Geschichte als Mitmachgeschichte mit Kopfbedeckungen erzählen** ☐ 2 Kopfbedeckungen für Paulus und Silas (z. B. 1 Turban und 1 Hut) ☐ 1 Militärhut oder -kappe für den Gefängniswärter ☐ Kopftücher für die Volksmenge ☐ Mottolied „Vollgas mit Jesus" (Noten_Mottolied) ⬇ ☐ Bibel und die ausgearbeitete Verkündigung ☐ Erklärvideo (L6_Video) ⬇ zur kreativen Methode der Verkündigung **Aktion: Seilziehen** ☐ 1 dickes Seil/Tau ☐ 1 rotes Band ☐ Klebeband **Aktion: Am Seil dranbleiben** ☐ 1 langes Seil
Entdeckerzeit (25-30 min)	**Entdeckeraktion: Luftballonschlange** ☐ Luftballons ☐ Klebeband/Kreide
	Entdeckerrunde: Dranbleiben ☐ Klötze ☐ 1 Tennisball
	Entdeckergebet: Holzklötzchengebet ☐ Klötze ☐ Blatt mit der Aufschrift „Jesus"
Actionzeit (restliche Zeit)	**Spiel- und Sonderbausteine** Deine Auswahl der Spiel- oder Sonderbausteine: ☐ Gefängnisspiel ☐ Diebejagd ☐ Sonderbaustein: Vollgas mit Jesus!-Großer Preis ☐ Sonderbaustein: Flipflops® basteln
Vollgas mit Jesus!-Finale (5 min)	**Dranbleiben – Mit Jesus leben** ☐ Vollgas mit Jesus!-Erinnerungskarten (L6_Erinnerungskarten) ⬇, da es die letzte Lektion ist und von daher auch keine Challenge mehr gibt. ☐ Stempelkissen ☐ Stifte ☐ bei Bedarf Sofortbildkamera/Digitalkamera mit Fotodrucker, Kleber ☐ Preise für die Gesamtauswertung der Vollgas mit Jesus!-Challenge
Abschluss mit Gebet und Polonaise (10 min)	☐ Mottolied „Vollgas mit Jesus" (Noten_Mottolied) ⬇

MITARBEITERIMPULS

Dieser Impuls kann als Ermutigung zu Beginn, wenn du dich mit dem Mitarbeiterteam triffst, erzählt oder vorgelesen werden:

Das Beste, das mir und dir passieren kann, ist, mit Jesus unterwegs zu sein. Ab und zu ist es gut und wichtig, sich mal wieder Gedanken darüber zu machen, was uns das Dranbleiben eigentlich bringt und warum uns Jesus begeistert. Denn in schwierigen Situationen sind wir oft so sehr auf das Negative fixiert, dass uns dazu vielleicht gar nichts mehr einfällt. Nimm dir doch jetzt kurz Zeit, um mit Jesus darüber zu reden und ihm zu sagen, was dich an ihm begeistert und was dich an ihm dranbleiben lässt! Vielleicht können wir uns hinterher noch als Ermutigung darüber austauschen.

Mitarbeiter-Challenge

Sucht euch ein oder zwei Kinder ganz persönlich heraus, für die ihr eine Weile beten wollt, dass sie Jesus immer mehr kennenlernen und an ihm dranbleiben. Fragt sie doch, wie ihr sie in ihrer Freundschaft zu Jesus unterstützen könnt.

BIBLISCHEN TEXT ERARBEITEN

Vorbereitungszeit: ca. 30 Minuten

Bete, dass Gott dir beim Bearbeiten des Bibeltextes zeigt, was für dich persönlich dran ist und was für die Kinder wichtig ist, damit sie geistlich wachsen können.

Du kannst den Text zuerst einmal durchlesen und ihn dann bearbeiten. Unterstreiche hierfür im untenstehenden Bibeltext Sätze und Wörter mit folgenden Farben:

- Das finde ich für mich persönlich und für die Kinder wichtig.
- Da steht etwas über Gott, Jesus oder den Heiligen Geist.
- Da steht etwas zum Thema der Lektion oder etwas, das dazu wichtig ist.
- Personen, über die ich nachher noch mehr Wissen sammeln werde.
- Orte, Zeiten oder andere wichtige Angaben, mit denen die Geschichte eingeordnet werden kann.

Apostelgeschichte 16,16-34:
Mit Jesus durch leichte und herausfordernde Zeiten

Paulus in Philippi: Paulus treibt einen Wahrsagegeist aus und muss mit Silas ins Gefängnis
16 Einmal, als wir zur Gebetsstätte gingen,
begegnete uns eine Dienerin.
Sie war von einem Geist besessen,
der wahrsagen konnte.
Und mit ihrer Wahrsagerei
brachte sie ihren Besitzern viel Geld ein.
17 Sie lief hinter Paulus und uns anderen her
und rief:
„Diese Leute sind Diener des höchsten Gottes.
Sie verkünden euch den Weg zur Rettung!"
18 So ging das viele Tage.
Zum Schluss war Paulus so aufgebracht,
dass er sich umdrehte
und zu dem Geist sagte:
„Im Namen von Jesus Christus befehle ich dir:
Gib diese Frau frei!"
Im gleichen Augenblick ließ der Geist sie frei.
19 Die Besitzer der Dienerin sahen,
dass damit auch ihre Hoffnung auf Gewinn verloren war.
Da packten sie Paulus und Silas
und schleppten sie zum Marktplatz
vor das Stadtgericht.
20 Sie führten die beiden den Stadtobersten vor
und sagten:
„Diese Menschen stiften Unruhe in unserer Stadt.
Sie sind Juden.

21 Sie wollen Bräuche einführen,
die wir als Römer weder annehmen
noch ausüben dürfen."
22 Auch die Volksmenge ergriff gegen sie Partei.
Da ließen die Stadtobersten
Paulus und Silas die Kleider vom Leib reißen
und befahlen,
sie mit Ruten zu schlagen.

23 Nachdem man ihnen viele Schläge verabreicht hatte,
ließen sie die beiden ins Gefängnis werfen.
Dem Gefängniswärter wurde eingeschärft,
sie besonders gut zu bewachen.
24 Befehlsgemäß brachte er sie
in die hinterste Zelle
und schloss ihre Füße in den Holzblock.

Paulus in Philippi: Die Befreiung der Gefangenen und die Bekehrung des Gefängniswärters
25 Um Mitternacht beteten Paulus und Silas
und sangen Gott Loblieder.
Die anderen Gefangenen hörten ihnen zu.
26 Plötzlich gab es ein starkes Erdbeben,
das die Fundamente des Gefängnisses erschütterte.
Da sprangen alle Türen auf,
und die Ketten fielen von den Gefangenen ab.
27 Der Gefängniswärter wurde
aus dem Schlaf gerissen.
Als er sah,
dass die Gefängnistüren offen standen,
zog er sein Schwert
und wollte sich töten.

Denn er dachte:
Die Gefangenen sind entflohen.
28 Aber Paulus schrie laut:
„Tu dir nichts an!
Wir sind alle noch hier."
29 Der Wärter rief nach Licht.
Er stürzte in die Zelle
und warf sich zitternd vor Paulus und Silas nieder.
30 Dann führte er sie hinaus
und fragte:
„Ihr Herren,
was muss ich tun,
damit ich gerettet werde?"
31 Sie antworteten:
„Glaube an den Herrn,
Jesus,
dann wirst du gerettet
und mit dir alle in deinem Haus."
32 Und sie verkündeten ihm
und allen anderen in seinem Haus
das Wort des Herrn.
33 Noch in derselben Nachtstunde
nahm der Wärter Paulus und Silas zu sich.
Er wusch ihnen die Wunden aus.
Dann ließ er sich umgehend taufen
und mit ihm alle,
die in seinem Haus lebten.
34 Anschließend führte er die beiden in sein Haus
hinauf
und lud sie zum Essen ein.
Die ganze Hausgemeinschaft freute sich,
dass sie zum Glauben an Gott gefunden hatte.

ERKLÄRUNGEN ZUM TEXT

Kontext
Paulus und Silas sind zusammen unterwegs, um Menschen von Jesus zu begeistern. Viele Menschen warteten geradezu darauf, diese gute Nachricht zu hören. Es gab jedoch einige Leute, die davon nicht begeistert waren. Sie versuchten aus Neid und Angst vor Verlust von Bekanntem, Paulus und Silas aufzuhalten. So wie die Besitzer dieser Dienerin. Doch Gottes Wort lässt sich nicht einfach aufhalten! Selbst das Gefängnis schreckt Paulus und Silas nicht ab.

Personen
Dienerin: Eine Frau, die anderen Menschen diente. Zum Beispiel war sie für Tiere, Hausarbeiten, Getreidemahlen, Kochen und Wasserholen zuständig.

Stadtoberste: Der Herrscher setzte Stadtoberste über eine Stadt und das dazugehörige Gebiet ein. Sie waren für Steuern, Ordnung und Ruhe in der ihnen anvertrauten Bevölkerung der Stadt und vereinzelt auch für Gerichtsurteile zuständig.

Paulus: Er hat Christen verfolgt, bis er Jesus erlebt und sich schließlich dafür entscheidet, Menschen von ihm zu erzählen. Dies wird sein Lebensziel! Er lebt den Menschen vor, wie man mit Jesus unterwegs sein kann, und er versucht, ihnen dabei zu helfen.

Silas: Er kommt aus Jerusalem und war als ein treuer Begleiter viel mit Paulus unterwegs. Vor allem in Korinth und Thessalonich half er Paulus beim Gründen einer Gemeinde. Später schreibt er mit Paulus einen Brief an die Christen in Thessalonich.

Gefängniswärter: Der Gefängniswärter war für die Gefangenen zuständig und musste auf sie aufpassen. Wenn den Gefangenen etwas passierte oder sie abhauen konnten, wurde er zur Rechenschaft gezogen.

Begriffe und weitere Erklärungen
Gebetsstätte: Hier trafen sich Christen, um gemeinsam miteinander und füreinander zu beten, ihren Glauben an Jesus als Freunde zu teilen und sich gegenseitig zu helfen, an Jesus dranzubleiben.

Besessen von einem Geist, der wahrsagen konnte: Die Dienerin hatte keine Wahl, sondern sie musste immer die Wahrheit sagen, die sie erkannte. So war sie gezwungen, Paulus hinterherzulaufen. Paulus befreite sie von dem Geist. Da sie allerdings damit auch Geld verdiente und das ihren Besitzern abgeben musste, waren diese sauer. Wie die Dienerin darauf reagierte, wird leider nicht beschrieben.

Marktplatz und Stadtgericht: Der Marktplatz lag meist sehr zentral. Dort wurde viel verkauft und gehandelt. Ebenso diente der Platz als Versammlungs- und Gerichtsort. Die wichtigen Entscheidungen einer Stadt oder eines Dorfes wurden hier mit allen oder zumindest vielen Bewohnern getroffen.

Gefängnis damals: Gefängnisse damals waren etwas anders als unsere heutigen. Man wurde entweder mit Ketten gefesselt oder in einem Holzblock gefangen gehalten. Zu essen gab es Wasser und Brot.

Hausgemeinschaft: Mit dem Wort Hausgemeinschaft ist die ganze Sippschaft gemeint, die in dem Haus wohnt. Je nach Größe und Rang beinhaltete das die Eltern, Kinder, Mägde, Knechte und oft auch Großeltern.

Loblieder: Loblieder sind Lieder, in denen man für Gott singt. Der Fokus liegt ganz auf ihm, weg von einem selbst. In diesen Liedern wird besungen, wie Gott ist, was er alles Gutes getan hat oder noch tun wird.

MINDMAP

START

Zielgedanke: Freundschaft – mit Jesus leben, wie Paulus und Silas

Was genau nehmen die Kinder zu diesem Thema mit in die nächste Woche und ihr Leben?

Dazu helfen zwei Anfänge:
» Die Kinder verstehen und erleben, dass ...
» Die Kinder wollen das in der nächsten Zeit tun: ...

1 Biblischen Text erarbeiten

Du hast auf den beiden vorherigen Seiten die biblische Geschichte vorbereitet. Diese stellt die Grundlage für die weitere Ausarbeitung dar, falls du sie also noch nicht bearbeitet hast, fange am besten jetzt damit an!

2 Lebenswelt der Kinder aus deiner Kindergruppe

Wie leben die Kinder bisher ihren Glauben im Alltag?
Wo fällt es ihnen schwer, an Jesus dranzubleiben?
Was könnten deine Kinder daran cool finden, an Jesus dranzubleiben?

Idee: Du kannst den Kindern helfen, an ihrer Beziehung mit Jesus dranzubleiben, indem ...

» du sie immer mal wieder fragst: „Wie geht es dir mit Jesus?", „Wie geht es dir mit dem Beten?", „Wie geht es dir mit dem Lesen in der Bibel?" und „Wie kann ich dir dabei helfen, so ein richtiger ‚Mit-Jesus-unterwegs-sein-Mensch' zu werden?"
» du beim Vertiefen der Geschichte die Kinder diese nicht nur wiederholen lässt, sondern versuchst herauszufinden, was für sie darin wirklich spannend ist. Entdecke, was sie an der Geschichte schwierig finden und was sie aus ihr mit in ihren Alltag hineinnehmen können.
» du ihnen erzählst, wie du an Jesus dranbleibst, wenn es schwer ist, und was dir dabei hilft.

3 Verkündigung als Mitmachgeschichte mit Kopfbedeckungen

Die Geschichte hast du bereits auf den vorherigen Seiten vorbereitet. Wie du sie erzählen kannst, findest du auf der nächsten Doppelseite. Hier sind einige Aktionen für den Einstieg, mit denen du die Kinder spielerisch in das Thema der Geschichte hineinnehmen kannst. Such dir eine Aktion aus, die den Kindern Lust macht, noch mehr darüber zu erfahren und es auszuprobieren!

Aktion: Seilziehen

Man kann nur gewinnen, wenn man dranbleibt! Klar hilft es dabei auch, stark zu sein. Aber wer nicht dranbleibt, hat von vornherein beim Seilziehen verloren, das kann später in der Geschichte aufgegriffen werden.
Es werden zwei Gruppen gebildet. In die Mitte des Seils wird ein rotes Band geknotet und in der Mitte des Raumes wird eine Klebebandlinie aufgeklebt.
Die beiden Gruppen nehmen jeweils ein Ende des Seils in die Hand. Auf Kommando ziehen beide Gruppen so stark sie können am Seil und versuchen die jeweils andere Gruppe über die mittlere Linie auf ihre Seite zu ziehen. Gewonnen hat die Gruppe, die es zuerst schafft.
Das kann ein paarmal mit verschiedenen Gruppen wiederholt werden.

Material: 1 dickes Seil/Tau, 1 rotes Band, Klebeband

Aktion: Am Seil dranbleiben

Ein Kind bekommt das vordere Ende eines Seils, alle anderen halten sich dahinter daran fest. Dann darf das Kind sich einen Weg durch das Haus oder draußen (je nach Ort und Wetter) aussuchen und diesen möglichst kompliziert ablaufen. Die anderen Kinder müssen am Seil dranbleiben und versuchen, bis zum Ende nicht loszulassen. Wer loslässt, scheidet aus und darf erst wieder in der nächsten Runde mitmachen. Wer schafft den schwersten Weg und wer bleibt am längsten dran? Hier sollten die Mitarbeitenden darauf achten, dass es nicht zu gefährlich wird.

Material: 1 langes Seil

ABSCHLUSS

Jedes Kind sagt, was es an Jesus besonders toll findet und was ihm beim Vollgas mit Jesus!-Kurs gut gefallen hat. Gemeinsam kann daraufhin ein Dankgebet gesprochen werden.
Im Anschluss kann nun das Mottolied „Vollgas mit Jesus" zum Abschied gesungen und dazu eine Polonaise getanzt werden.
Material: Mottolied „Vollgas mit Jesus" (Noten_Mottolied)

Vollgas mit Jesus!-Finale

Das war nun die letzte Lektion. Für diese gibt es keine Challenge mehr. Die Wertungsübersicht für die Vollgas mit Jesus!-Challenge (Wertungsübersicht_Challenge) kann ausgewertet werden. Den Gewinnern/Gewinnerinnen können je nachdem kleine Preise oder Erinnerungen (wie z. B. ein Armband oder ein Buch) überreicht werden. Diesmal gibt es Vollgas mit Jesus!-Erinnerungskarten (L6_Erinnerungskarten) mit einem Familienimpuls, die den Kindern in diesem Teil mit nach Hause gegeben werden können. Die Vorlage (siehe S. 91) gibt es zum Download. Auf diesen Karten gibt es einen leeren Bilderrahmen, in den jeder/jede bei den anderen seinen Daumenabdruck setzen oder ein Gesicht reinmalen und darunter unterschreiben kann. Zu Hause kann dann jedes Kind für die anderen Kinder aus dem Vollgas mit Jesus!-Kurs beten, dass sie an Jesus dranbleiben. Wer möchte, kann noch ein Foto der Gruppe machen und dieses auf die Karten kleben.

Material: Stempelkissen, Stifte, bei Bedarf Sofortbildkamera/Digitalkamera mit Fotodrucker, Kleber, Preise

Bausteine
Siehe ab Seite 88

Entdeckerzeit

1. Entdeckeraktion (5 Minuten): Luftballonschlange

Die Kinder bilden zwei Gruppen. Es wird eine Startlinie für beide Gruppen auf dem Boden markiert. Jede Gruppe stellt sich nun als eine Schlange hinter der Startlinie auf und bekommt Luftballons. Diese werden jeweils zwischen die Kinder (zwischen Bauch und Rücken) geklemmt, sodass nun alle in der Gruppe durch Luftballons verbunden sind. Der/die Mitarbeitende gibt eine bestimmte Strecke vor, die beide Gruppen ablaufen müssen. Auf ein Kommando hin laufen beide Gruppen los. Fällt dabei ein Ballon runter, muss diese Gruppe von vorne anfangen. Gewonnen hat die Gruppe, die zuerst das vorgegebene Ende der Strecke erreicht hat.

Material: Luftballons, Klebeband/Kreide

3. Entdeckergebet (5 Minuten): Holzklötzchengebet

Jedes Kind nimmt sich einen der Klötze aus der Mitte. Dort wird ein Blatt, auf dem „Jesus" geschrieben steht, hingelegt. Jeder/jede überlegt sich zu seinem/ihrem Klotz, bei welcher Sache er/sie von Jesus Hilfe braucht, zum Dranbleiben oder auch einfach so. Wenn jemandem nichts einfällt, kann er/sie vielleicht für jemand anderes mitbeten. Hat ein Kind dafür gebetet, darf es den Klotz in die Mitte auf das Blatt und damit symbolisch zu Jesus werfen. Jesus sagt, dass man ihm alles hinwerfen darf, bei dem man seine Hilfe braucht.

Material: Klötze, Blatt mit der Aufschrift „Jesus"

2. Entdeckerrunde (15-20 Minuten): Dranbleiben

Jedes Kind bekommt ein bis drei Klötze, je nachdem wie gern die Kinder mitreden. Für jeden Klotz sagen die Kinder etwas, das sie am Dranbleiben an Jesus schwierig finden (z. B. wenn Leute einen falsch beschuldigen oder einen auslachen). Mit jedem Stein, zu dem ihnen etwas einfällt, wird in der Mitte ein Gefängnis gebaut. Dann kommt der Tennisball ins Spiel. Gemeinsam wird gesammelt, was hilft, an Jesus dranzubleiben.
Bei Paulus und Silas waren es zum Beispiel Loblieder. Wenn ein Kind eine Idee hat, darf es, nachdem es diese genannt hat, den Ball nehmen und auf das Gefängnis werfen. Dies wird so lange wiederholt, bis das Gefängnis vollkommen zerstört ist.
Danach kann der Ball als Gesprächsball genutzt werden: Die Kinder geben den Ball herum. Wer ihn hat, darf eine Frage zur heutigen Geschichte stellen. Dann darf dieses Kind den Ball an Kinder weitergeben, die eine Antwort dazu haben. Die Mitarbeitenden dürfen den Ball erst nach der dritten Antwort zugeworfen bekommen, so können die Kinder selbst diskutieren und erst bei unlösbaren Fragen die Mitarbeitenden mit hineinnehmen.
Frageimpulse für die Gesprächsrunde: Warum lohnt es sich, ein Freund / eine Freundin von Jesus zu sein? Was ist dabei schwer? Was ist voll gut? Was hilft uns?

Material: Klötze, 1 Tennisball

VERKÜNDIGUNG

Vorbereitungszeit: ca. 15 Minuten
Die Geschichte wird als Mitmachgeschichte mit Kopfbedeckungen erzählt.
Für jede Rolle wird im Laufe der Geschichte ein Kind ausgewählt. Dieses bekommt dann eine Kopfbedeckung auf und muss, sobald sein Name genannt wird, aufstehen und etwas sagen oder machen, in das der Mitarbeiter / die Mitarbeiterin es vorher einweist.
Material: 2 Kopfbedeckungen für Paulus und Silas (z. B. 1 Turban und 1 Hut), Kopftücher für die Volksmenge, 1 Militärhut oder -kappe für den Gefängniswärter, Mottolied „Vollgas mit Jesus" (Noten_Mottolied) ⬇, Bibel, Erklärvideo (L6_Video) ⬇ zur kreativen Methode der Verkündigung

Zusammen mit Jesus unterwegs
Paulus und Silas sind begeistert von Jesus. Genauso wie die Jünger und so viele andere Menschen. Silas kommt aus Jerusalem und hat dort schon alle Jesusgeschichten gehört. Er will jetzt allen Menschen von Jesus erzählen – und das eben nicht allein. Er ist im Team mit seinem Freund Paulus unterwegs. Zu zweit ist man einfach stärker, vor allem als Jesus-Freunde!

(Frage an die Kinder) Wer von euch mag Paulus oder Silas spielen? (Einer/eine bekommt den Hut und einer/eine den Turban auf.) Ihr seid nun **Paulus und Silas**. Jedes Mal, wenn ich deren Namen nenne, steht ihr auf und sagt laut: „Wir sind mit Jesus unterwegs, mit ihm sind wir stark!"

Die gute Nachricht der Bibel zusammen weitererzählen
Als die beiden nach Philippi kommen, fangen sie an, allen von Jesus zu erzählen. Dort sind so viele Menschen, die ihn noch nicht kennen. **Paulus und Silas** (kurz Zeit lassen, damit die Kinder aufstehen und ihren Satz sagen können) wollen wirklich allen die gute Nachricht bringen. Denn alles, was wir zum Leben brauchen und wie wir mit Jesus leben können, steht in der Bibel. Dort erfahren wir, wie genial Jesus ist und dass er uns mega liebt! Viele Menschen laufen den beiden hinterher und wollen mit Jesus leben.

Ihr anderen dürft nun alle die Menschenmenge spielen. (Alle übrigen Kinder bekommen jeweils ein Kopftuch.) Immer wenn ich das Wort **Leute** sage, steht ihr auf und ruft laut: „Wir sind auch mit Jesus unterwegs!"

Viele **Leute** (kurz Zeit lassen, damit die Kinder aufstehen und ihren Satz sagen können) hören nun also von **Silas und Paulus**. Eine Frau auch. In der Bibel hat sie keinen Namen, aber ich nenne sie mal Lara. Lara merkt, dass die Leute voll begeistert von Jesus sind, sodass sie ihnen einfach mal hinterherläuft. Sie verdient ihr Geld, indem sie Menschen die Zukunft vorhersagt. Auf einmal schreit sie **Silas und Paulus** hinterher: „Ihr seid doch im Auftrag des großen Gottes unterwegs!" Aber stellt euch vor, sie macht das nicht aus Freude, sondern weil sie muss! Irgendwas in ihr zwingt sie dazu. Die beiden Freunde drehen sich um und sehen sie. Die arme Frau! Sie wollen ihr helfen, weil sie wissen, dass Jesus Lara auch liebt und sich wünscht, dass sie frei sein kann und sich freuen darf. Also sagt einer der beiden: „Im Namen Jesu, du sollst frei sein!" Tatsächlich. Sie fühlt sich frei. Keine komischen Gedanken mehr im Kopf, dauernd den Menschen die Wahrheit sagen und herumschreien zu müssen. Aber auf einmal merkt Lara, dass sie ohne den Zwang, wahrsagen zu müssen, auch kein Geld mehr verdient. Die Menschen haben sie doch dafür bezahlt. Sie musste das Geld an ihre Chefs abgeben. Die werden jetzt sauer sein.

Paulus und Silas bleiben an Jesus dran und beten und loben

Da kommen ihre Chefs auch schon und schreien: „Die glauben doch nur an einen Gott und der ist falsch! Die stiften nur Unruhe und tun unserer Stadt Böses!" Plötzlich sind da viele Menschen, die die beiden vor das Gericht auf dem Marktplatz schleppen. Und weil auf einmal so viele gegen **Paulus und Silas** sind, ist es für die beiden gar nicht mehr so leicht, mit Jesus zu leben. Die Menschen stecken die beiden sogar ins Gefängnis, obwohl sie nichts Schlimmes getan haben. Da sitzen sie nun. Vor ihrer Tür hält ein Gefängniswärter Wache.

(Frage an die Kinder) Wer von euch mag den Gefängniswärter spielen? (Er bekommt einen Militärhut bzw. eine Militärkappe auf.) Du bist nun der **Gefängniswärter**. Jedes Mal wenn ich dieses Wort nenne, stehst du auf und fragst laut: „Wer ist dieser Jesus?"

Er sitzt also vor der Tür. Die meisten Gefangenen dort sind traurig, verzweifelt oder wütend. Aber was ist das? Er hört zwei Menschen sprechen. **Paulus und Silas**! Sie reden mit Jesus! An Jesus dranbleiben heißt, immer mit Jesus zu reden, egal in welcher Situation wir sind. Der **Gefängniswärter** wundert sich. Und dann? Nachdem sie „Amen" gesprochen haben, geht es „Vollgas mit Jesus" weiter: Die beiden singen ein Loblied. (Ihr könnt nun mit der Kindergruppe das Mottolied „Vollgas mit Jesus" zusammen singen.) Wow, Gott gibt beiden Kraft durchzuhalten. Er nimmt die schwere Situation nicht weg, aber er gibt ihnen Power!

Mit Jesus an unserer Seite haben wir einen starken Helfer, Gott und König

Auf einmal passiert etwas. Ein richtig großes Erdbeben! So stark, dass sich die Ketten lösen und die Türen aufspringen. Alle schweren Eisen- und Holztüren! Der **Gefängniswärter** wird wach. „Oh nein!", schreit er. „Die Verantwortlichen der Stadt werden mich umbringen, wenn alle Gefangenen abgehauen sind!" Vor lauter Angst will der Gefängniswärter selbst sein Leben beenden. Doch **Silas und Paulus** sind noch da. Sie wollen das tun, was Gott will und nicht einfach abhauen. Auch wenn das erst einmal einfacher erscheint. Sie rufen: „Tu dir nichts an, wir sind noch alle da!" „Was?", ruft ganz erstaunt der **Gefängniswärter**. „Ihr seid noch da!? Dann will ich auch wie alle anderen Leute mit Jesus unterwegs sein. Kommt mit zu mir nach Hause. Diesen Jesus muss ich unbedingt kennenlernen."

Wir bleiben an Jesus dran!

Alle zusammen, **Paulus und Silas**, die **Leute** und auch der **Gefängniswärter**, der seine Frage beantwortet bekommt, sind bei seiner Familie zu Hause. Sie bleiben an Jesus dran. Egal, was kommt. Selbst wenn sie ins Gefängnis kommen oder es mal schwer wird, weil andere sie dafür auslachen. Oder wenn sie zweifeln. Am besten ist doch, immer mit Jesus zu reden, in der Bibel zu lesen und ihn zusammen mit den Freunden und Freundinnen immer besser kennenzulernen! Außerdem: Jesus ist der Sieger und immer an unserer Seite! Das ist doch echt das Allerbeste!

BEGRÜSSUNGSBAUSTEIN: AUSTAUSCHKUNST

In der Mitte des Raumes liegen ein großes Plakat oder Leinentuch, Farben, Pinsel und Wachsmalkreiden auf einer Abdeckfolie oder einer anderen Unterlage.
Alle können auf das Plakat malen, was sie gerade bewegt, was sie an Jesus cool finden, was sie heute erlebt haben, etwas, das sie freut oder wozu sie gerade Lust haben.
Gemeinsam kann man dann darüber ins Gespräch kommen, die gemeinsame Zeit einfach genießen oder sich über die eigene Beziehung mit Jesus, den Alltag und was noch so ansteht austauschen.
Im Hintergrund kann Musik laufen.
Material: Plakat/Leinentuch, Abdeckfolie/Unterlage, Farben, Pinsel, Wachsmalkreiden, Musik und Abspielgerät
Spieleranzahl: ab 1

MUSIKBAUSTEIN

Singt doch ein bekanntes Lied zu Beginn, dann das Mottolied „Vollgas mit Jesus" und zum Schluss noch ein passendes zum Thema. Zum Beispiel:
» **Begrüßungslied:** „Hey, Kids, jetzt geht's los" – von Frank Badalie
» **Mottolied:** „Vollgas mit Jesus" – Noten (Noten_Mottolied) und eine Hörprobe (Hörprobe_Mottolied) gibt es zum Download, den Text findest du auf S. 15!
» **Lied zum Thema:** „Der Knaller" – von Mike Müllerbauer

SPIELBAUSTEINE

Gefängnisspiel

Alle stehen in einem großen Kreis (das Gefängnis) und halten sich an den Händen. Der/die Mitarbeitende wählt ein Kind, das den Wärter, und eines, das den Gefangenen spielt.
Der Wärter stellt sich außerhalb des Kreises auf und der Gefangene innen. Auf Kommando halten alle ihre Arme hoch, sodass die Gefängnistüren auf sind. Der Gefangene muss nun versuchen, einmal ganz um den Kreis herumzurennen, dann hat er gewonnen. Der Wächter muss versuchen, ihn zu fangen, darf jedoch nicht in den Kreis hinein. Der Gefangene darf dort hineinfliehen, hat aber nur gewonnen, wenn er eine Runde ohne hineinfliehen geschafft hat. Fängt der Wächter ihn zuvor, hat dieser gewonnen.
Material: keines
Spieleranzahl: ab 7

Diebejagd

Alle Kinder stellen sich hintereinander auf und halten sich an den Hüften fest. Das erste Kind in der Reihe ist der Gefängniswärter, das letzte Kind ist der Dieb, der ein Tuch in seiner Hosentasche stecken hat. Nun muss der Gefängniswärter versuchen, den Dieb bzw. das Tuch zu fangen, ohne dass die Kinder sich loslassen.
Material: Tuch
Spieleranzahl: ab 5

SONDERBAUSTEIN: VOLLGAS MIT JESUS!-GROSSER PREIS

Dieses Spiel vertieft die Lektion 6 und wiederholt auch die Inhalte der letzten Lektionen. Es wird in Gruppen von 3 bis 8 Kindern gespielt. Bei weniger Kindern gibt es eine gemeinsame Gruppe, die die Spiele als Spielfolge spielt. Den Spielplan (L6_Großer_Preis-Spielplan) mit den Kategorien und Punkten gibt es zum Download ⬇ oder er kann auf ein großes Plakat gemalt werden.

Jede Gruppe bekommt eine Farbe zugeteilt. Reihum dürfen die Gruppen sich eine Kategorie mit den dementsprechenden Punkten wünschen. Der/die Mitarbeitende liest die dazugehörige Aufgabe oder Frage vor. Löst die Gruppe die Aufgabe bzw. weiß die Antwort, werden die Punkte in ihrer Farbe eingekreist. Damit gehören diese Punkte ihnen. Sind bei einer Aufgabe alle Gruppen gleichzeitig beteiligt, wird mit der Farbe der Gruppe umrandet, welche die Aufgabe gewonnen hat.

Wird eine Aufgabe von einer Gruppe nicht gelöst, darf es die nächste versuchen. Dies geht so lange, bis es entweder eine Gruppe geschafft hat oder es alle einmal versucht haben. Schafft es keine Gruppe, verfallen die Punkte. Wer am Ende die meisten Punkte hat, ist die Gewinnergruppe.

Material für das Gesamtspiel: Stifte in verschiedenen Farben, Spielplan (L6_Großer_Preis-Spielplan) ⬇ (siehe S. 91) oder Plakat, Preise für die Gewinnergruppe

Gefängnisspiele

40 – Ausbruch: Um aus einem Gefängnis ausbrechen zu können, muss man hoch an die Fenster kommen. Jede Gruppe baut aus sich selbst eine Pyramide. Es dürfen nur Personen der Gruppe und keine Hilfsmittel verwendet werden. Die höchste Gruppe bekommt die Punkte.

60 – Singen: Die Gruppe sucht sich ein Lied aus, mit dem sie im Gefängnis Paulus und Silas beim Lobpreis unterstützen kann, und singt es vor.

80 – Geheime Botschaften: Diese wurden damals in die Wände geritzt. Alle Gruppen schicken jeweils ein Kind nach vorne. Dieses bekommt einen Begriff eingeflüstert, den es nun, wie beim Montagsmaler, ohne Geräusche und ohne zu reden, auf einem Plakat aufmalt. Hat die Gruppe den Begriff erraten, schickt sie das nächste Kind los, das einen neuen Begriff gesagt bekommt. Die Gruppe, die zuerst am meisten Begriffe erraten hat, bekommt die 80 Punkte. Ideen für Begriffe: Handschellen, Sheriffstern, Sandalen, Gefängnisfenster, Türschloss
Material: Papier, Stifte, Liste mit Begriffen

100 – Frage: Ich bin hart und braun und sitze in einem grünen Gefängnis. Wer bin ich? *(Ich bin eine Kastanie)*

Vollgas mit Jesus!

40 – Frage: Wer weiß noch, welchen Satz Paulus und Silas in der Geschichte immer wieder sagen mussten? *(„Wir sind mit Jesus unterwegs, mit ihm sind wir stark!")*

60 – Joker: Ihr bekommt die Punkte geschenkt.

80 – Frage: In welcher Stadt spielte die heutige Geschichte? *(Philippi)*

100 – Mottolied: Singt das Mottolied „Vollgas mit Jesus" mit kreativen Bewegungen auswendig vor. Schafft ihr das ganze Lied, bekommt ihr 100 Punkte, sonst 50 und die nächste Gruppe darf es noch einmal probieren.

Bibelpower

40 – Frage: Warum wurden Paulus und Silas ins Gefängnis geworfen? *(Die Dienerin verdiente wegen ihnen kein Geld mehr und ihre Chefs beschuldigten die beiden, dass sie einen falschen Gott in ihre Stadt bringen und Unruhe stiften.)*

60 – Frage: Warum wollte sich der Gefängniswärter töten? *(Weil er sonst vom Stadtobersten dafür verantwortlich gemacht und auch ins Gefängnis gekommen oder getötet worden wäre.)*

80 – Nachrichten: Wählt einen/eine aus eurer Gruppe aus, der/die die Geschichte als Nachrichtenreporter kurz nacherzählt. Er/sie bekommt dafür maximal 1 Minute Zeit.
Material: Stoppuhr

100 – Erzählung: Erzählt die Geschichte von Paulus und Silas aus Sicht des Gefängniswärters nach. Hier ein Anfang, der helfen kann: „Früh am Morgen bin ich aufgewacht. Ich wusste, heute habe ich zwei neue Gefangene in einer Zelle. Mal sehen, was das für welche sind. Als ich ankomme, merke ich, dass sie irgendwie anders sind …"

Gruppenaction

40 – Wasser im Gefängnis: Jede Gruppe stellt ein Kind als Freiwilligen/Freiwillige, das eine gefüllte 1 l-Flasche mit ausgestrecktem Arm halten muss. Wie im Gefängnis ist Wasser kostbar, deswegen muss man gut darauf aufpassen. Die Punkte bekommt die Gruppe, deren Spieler/Spielerin den Arm am längsten ausgestreckt mit Flasche halten kann.
Material: 1 l-Flaschen mit Wasser gefüllt

60 – Joker: Ihr bekommt die Punkte geschenkt.

80 – Entfesseln: Jede Gruppe bildet einen Kreis. Alle strecken ihre Hände zur Kreismitte und schließen die Augen. Jeder/jede greift nun blind nach zwei Händen, die er/sie festhält. Jede Hand muss eine andere Hand finden. Der/die Mitarbeitende achtet darauf, dass kein Kind mit beiden Händen genau die beiden Hände eines anderen erwischt. Der Knoten muss gelöst werden: Alle machen ihre Augen auf und müssen sich entwirren, ohne loszulassen. Wer zuerst fertig ist, bekommt die Punkte.

100 – Frage: Welcher Richter darf niemanden ins Gefängnis schicken? *(Der Schiedsrichter)*

SONDERBAUSTEIN: FLIPFLOPS® BASTELN

Nimm die Vorlage (L6_Flipflop-Vorlage), die du zum Download auf der Website findest, und mach dir daraus eine Schablone (auf Karton kleben und ausschneiden). Dann zeichne für jedes Kind ein Paar Flipflops® auf: auf Pappe für den Sohlenboden und auf Moosgummi, welches auf die Pappe geklebt wird.
Anschließend schneiden die Kinder alle dazugehörigen Teile aus (Sohlen, Absatzverstärker und Lasche).
Die Lasche wird in der Mitte gelocht. Mit der Lochzange wird vorne ein Loch in den Flipflop® gemacht, in welchem dann die Mitte der Lasche mit einer Musterklammer befestigt wird.
Danach werden beide Enden der Lasche seitlich und die Sohle hinten unter dem Flipflop® festgeklebt. Nun kann er nach Belieben verziert werden.
Material: Moosgummi, Pappe, Scheren, Flüssigklebstoff, Lochzange, Musterbeutelklammern, Flipflop®-Vorlage (L6_Flipflop-Vorlage) (siehe S. 92), Glitzersteinchen, Edding, weitere bunte Moosgummiplatten zum Verzieren

VORLAGEN ZUM DOWNLOAD

Vollgas mit Jesus!-Erinnerungskarte (L6_Erinnerungskarten)

**Dranbleiben –
Mit Jesus leben**
Wir sind gemeinsam unterwegs mit Jesus!

Idee für die ganze Familie
Gemeinsam unterwegs sein ist ermutigend!
Paulus und Silas waren auch gemeinsam
unterwegs. Sogar im Gefängnis. Aber
sie blieben an Jesus dran. Lest doch nochmals zusammen die Geschichte in Apostelgeschichte 16,16-34.

Zeit zum Reden?
Frage deine Eltern: Was hilft euch,
an Jesus in einer schwierigen Situation
dranzubleiben?
Frag dein Kind / deine Kinder: Hast du /
habt ihr eine Idee, wie wir zusammen an
Jesus dranbleiben können?

Großer Preis-Spielplan (L6_Großer_Preis-Spielplan)

GEFÄNGNIS SPIELE	VOLLGAS MIT JESUS!	BIBEL POWER	GRUPPEN ACTION
40	40	40	40
60	60	60	60
80	80	80	80
100	100	100	100

Flipflop®-Vorlage (L6_Flipflop-Vorlage)

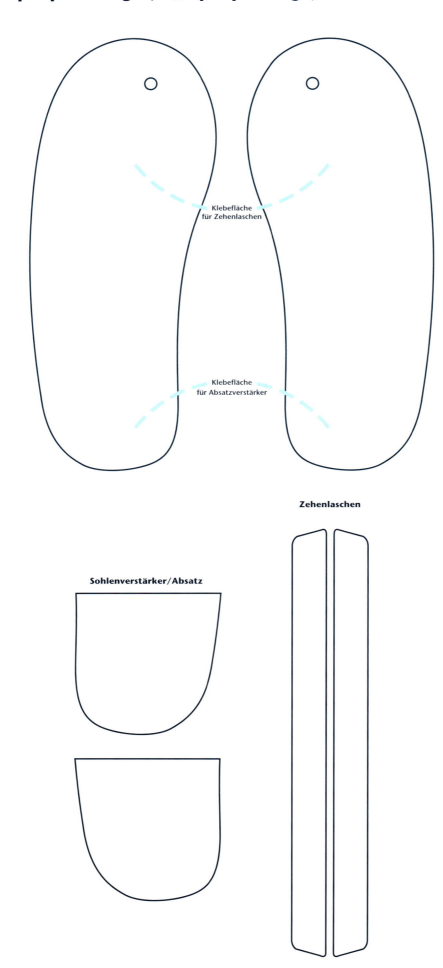

92 | LEKTION 6: FREUNDSCHAFT

NOTIZEN

» DIE AUTORIN

Ruth Klaiber, Jahrgang 1986, ist staatlich anerkannte Erzieherin, studierte Theologie und arbeitet nun als Kinder- und Jugendreferentin bei der Kinderzentrale (KidZ) der Liebenzeller Mission.
Sie liebt es, Musik zu hören und zu machen, neue Sachen auszuprobieren, mit Kindern Zeit zu verbringen und sich kreative Ideen zu überlegen, wie Kinder Jesus noch mehr liebgewinnen können, um dann von ihm überzusprudeln.
Ihr Wunsch ist es, dass immer mehr Kinder Jesus kennenlernen, ihm begegnen und sich von ihm begeistern lassen, das Leben gemeinsam weiterzugehen, und dass sie dies in ihrem Umfeld weitergeben.
Zum Leben gehören für sie das Ausprobieren von neuen Sachen und immer wieder mal verrückte Aktionen mit Freunden zu machen. Ebenso liebt sie es, zu Hause zu sein, selbst neue Geschichten in der Bibel zu entdecken und in ihr Leben sprechen zu lassen, im Park zu spazieren und mit Freunden mehr über Jesus zu entdecken.

Die Kinderzentrale der Liebenzeller Mission

Die Kinderzentrale (KidZ) der Liebenzeller Mission unterstützt Gemeinden und ihre Mitarbeitenden dabei, Kinder mit der guten Nachricht der Bibel zu erreichen und ihren Glauben zu fördern. Dazu bietet sie
- » Kinder- und Schülerwochen
- » Kindernachmittage und Jungschartage
- » Kinder- und Wochenendfreizeiten
- » Ferienspiele und Ferienfreizeiten
- » Familiengottesdienste
- » Missionarische Einsätze
- » Hüpfburg-Verleih
- » Megabaustelle mit 100.000 Holzbausteinen
- » Metallbaustelle mit über 900 Meter Metallteilen
- » Jörg's Trickkiste (für Gemeindefest oder Abendprogramm)
- » Lebendkickerturnier
- » Mitarbeiterschulungen

und vieles mehr an. Außerdem bekommen Kinder einen Einblick in die Arbeit von Missionaren in der ganzen Welt.

Infos: www.liebenzell.org/kidz

Birgit Götz
Ab geht die Post! NT
500 Spiele zu 55 biblischen Geschichten als fix und fertige Gruppenstunden mit Kindern von 8 bis 12 Jahren

256 Seiten, 16,5 x 23 cm, kartoniert

Birgit Götz bindet biblische Geschichten in Spieleprogramme ein, um Kinder von 8 bis 12 Jahren in die Welt der Bibel mit hineinzunehmen.

Dieser ganzheitliche Ansatz macht die Gruppenstunden über ausgewählte Texte aus den Evangelien und der Apostelgeschichte zu biblischen Erlebniseinheiten. Von Einstiegsspiel und Einstiegsfragen über eine ausformulierte Vorlesegeschichte und vertiefende Elemente bis zu jeder Menge Spiele mit alltäglichem Material und ohne Vorbereitung sind für 1,5 Stunden alle Programmelemente dabei.

Florian Karcher, Vassili Konstantinidis, Birte Krumm (Hg.)
Film + Verkündigung KIDS
Mit Kinderhelden vom Glauben erzählen
Entwürfe für die Arbeit mit Kindern

176 Seiten, 16,5 x 23 cm, kartoniert

Kinder lieben die Helden und Figuren aus Filmen und sind fasziniert von ihren Abenteuern und Geschichten.

Diese Faszination übertragen die Autoren und Autorinnen in die Arbeit mit Kindern von 6 bis 12 Jahren. Kinder sollen anhand der Geschichten ins Gespräch über den Glauben kommen. 34 Gruppenstunden und Kinderthementage zu 26 Kinderserien und -filmen zeigen, wie diese eine Brücke zum Glauben, zur Bibel und letztlich zu Gott schlagen können.

Da Filme in der Arbeit mit Kindern verantwortungsbewusst eingesetzt werden müssen, stehen zu Beginn wichtige pädagogische und rechtliche Grundfragen.

Eva-Maria Mallow
Detektive auf den Spuren von Herrn J.
15 Fälle für 8- bis 12-jährige Bibeldetektive in Schule und Gemeinde

192 Seiten, 16,5 x 23 cm, kartoniert, mit Downloads

In den Detektivbüros in Bethlehem, Jerusalem und Kapernaum geht es rund! Junge Detektive von 8 bis 12 Jahren untersuchen in 15 spannenden Fällen rund um Jesus Tatorte, Schriftstücke, befragen Zeugen und begeben sich vielfältig auf Spurensuche. Auf diese Weise tauchen sie gemeinsam interaktiv in Geschichten und Berichte des Neuen Testaments ein.

Die 15 praxiserprobten Fälle eignen sich für Jungschar, Kinderbibeltage, Freizeiten, Projekttage, Schul-AGs u. v. m. Sie können fortlaufend oder einzeln gelöst werden. Es stehen PDF-Vorlagen zum Download zur Verfügung, die an die eigenen Örtlichkeiten angepasst werden können.

Andrea Kühn
So ein Ding
80 Andachten mit Gegenständen für Kinder ab 8 Jahren

192 Seiten, 12 x 19 cm, kartoniert

80 Gegenstände, mit denen Kinder zwischen 8 und 12 Jahren (fast) täglich zu tun haben, machen Zusammenhänge zwischen dem christlichen Glauben und ihrem Leben sichtbar. So werden Ball, Brotdose, Zahnbürste, Schuhe, Kaugummi, Toilette und andere Dinge zum Transportmittel für biblische Inhalte.

Zu jedem Ding gibt es neben Bibelvers und Zielgedanke eine kurze Erklärung zum Gegenstand, die Andacht als Bezug zwischen Gegenstand und Glaube und einen Impuls für die praktische Umsetzung.

ejw-service gmbh
Haeberlinstraße 1–3
70563 Stuttgart-Vaihingen

Tel.: 0711 9781 - 410
Fax: 0711 9781 - 413

buchhandlung@ejw-buch.de
www.ejw-buch.de

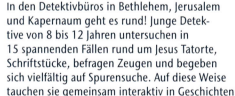
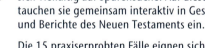

 Als Buch erhältlich   Als E-Book erhältlich